おいしい地方議員

ローカルから日本を変える!

伊藤大輔

写真家＆秦野市議会議員

イースト・プレス

はじめに

「さぁ、今こそ立ち上がり、一緒に戦おう」

この本はそんなロックなものではない。

むしろ現実的な提案として、職業選択のひとつとして地方議員という仕事を皆さんに知ってもらいたい。


「現実を変えるのは難しい」

国の政治を見て、そう思っている方も多いことだろう。

しかし、地方政治、地方議会はどうだろうか。

一般市民のあなたにでも無理なく立候補できるのが地方選挙である。

まずは、小規模にはじめる。
少しずつ、確実に、畑を耕してゆく。
ローカルからグローバルへ。
それが今の政治を変える一番の近道、唯一の方法かもしれない。
地方議会は完全なるブルーオーシャン（競争のない未開拓市場）である。

写真家&秦野市議会議員
伊藤大輔

［秦野市］

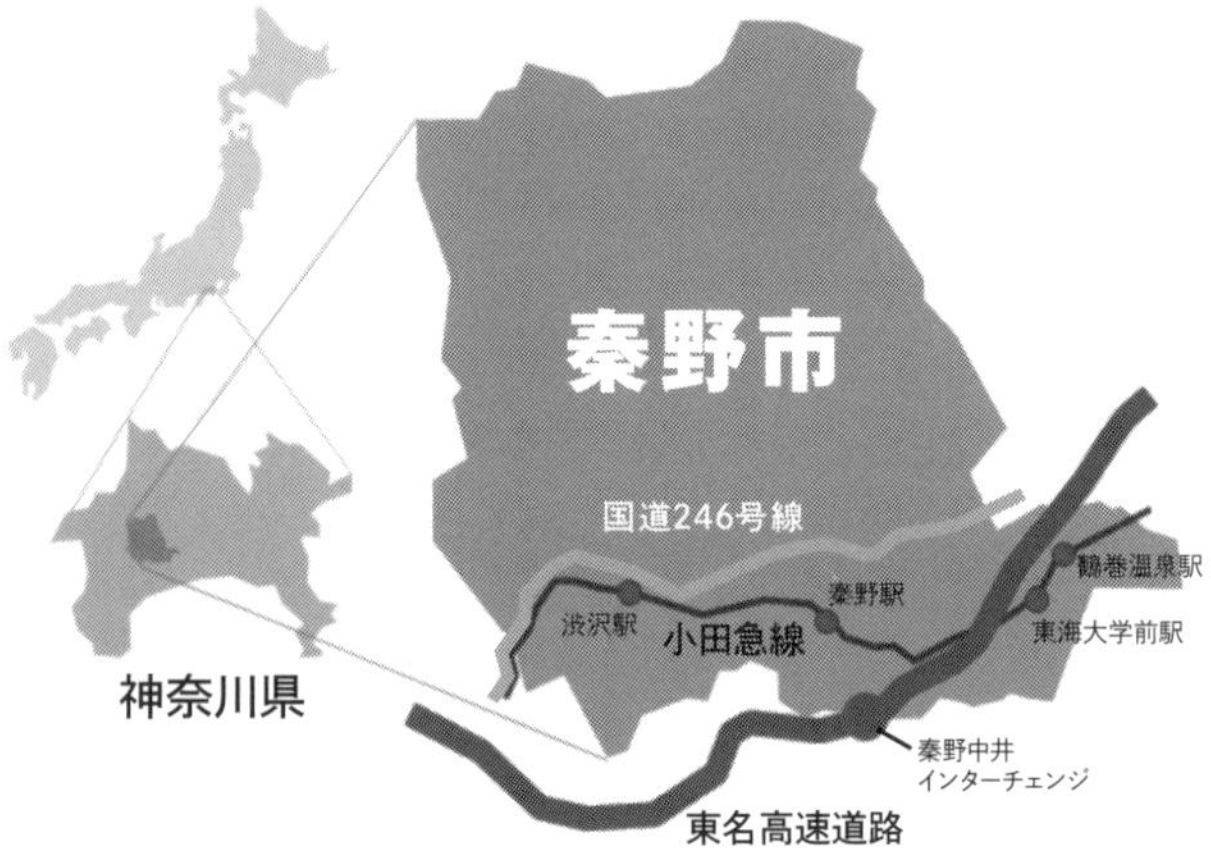
秦野市
国道246号線
鶴巻温泉駅
秦野駅
渋沢駅
東海大学前駅
小田急線
神奈川県
秦野中井
インターチェンジ
東名高速道路

この本では、主に神奈川県秦野市におけるミクロのデータを使って説明する。なぜならマクロのデータを用いて解説しても何百万人、何兆円という話になってしまい、他の自治体との比較がしづらくなってしまうからである。

程度の差こそあれ、全国どこも同じような悩みを抱えているのが現在の日本の地方自治体である。秦野市のデータを参考に、ぜひあなたの街のデータも調べていただきたい。

秦野市は神奈川県の真ん中よりやや西寄りに位置し、東京からの距離は約50キロ。小田急線の急行停車駅が4つあり、新宿から電車で1時間ほど。市域の面積は約100㎢だが、その半分は丹沢大山国定公園であり森林である。残る50㎢に約165、000人が住むコンパクトな自治体である。

2019年度の一般会計予算は約506億円、近年の財政力指数は0・9前後。

2016年環境省主催の名水百選選抜総選挙「おいしさが素晴らしい名水部門」全国第一位。

もくじ

1

条件・待遇

年間の「公務」はたったの38日

◎「兼業あり」の地方議員

次のような求人広告があったとしよう。

年　俸：762万円
労働日数：38日（注1）
任　期：4年間
兼　業：あり
募集定員：24名
競争倍率：1・17倍

仕事の内容はともかく、どうだろうか？
「おいしい仕事だ」と思った人もいるだろう。

特筆すべきは、年俸を労働日数で割ると、日給およそ20万円。さらに時給換算すると、約2・9万円／時（勤務時間9時〜17時、休憩1時間の1日7時間労働と仮定）。

経験上、議会の開会日や議員連絡会は、ほぼ午前中に終了し、委員会や一般質問のある日でも17時を回ることは稀なので、実際の時給はおそらくもっと高い。

こういう話をすると、「議員の仕事は議会活動だけではない」という声がすぐにでも飛んできそうなので、あらかじめ断っておくが、「議員の仕事で一番大切な仕事も議会活動である」。

この話の続きは、「議員の仕事」の章で詳しく述べる。

資料1を見てください。地方議員は「兼業あり」であるにもかかわらず、市議会議員の約44％は議員専業である。町村議会議員↓市議会議員↓都道府県議会議員の順に専業率は高まる傾向にある。

僕は写真家を続けながらこの仕事をしているが、昨今の自由な働き方を考えると、現在

資料1

市議会議員 兼業状況

(平成30年8月集計)

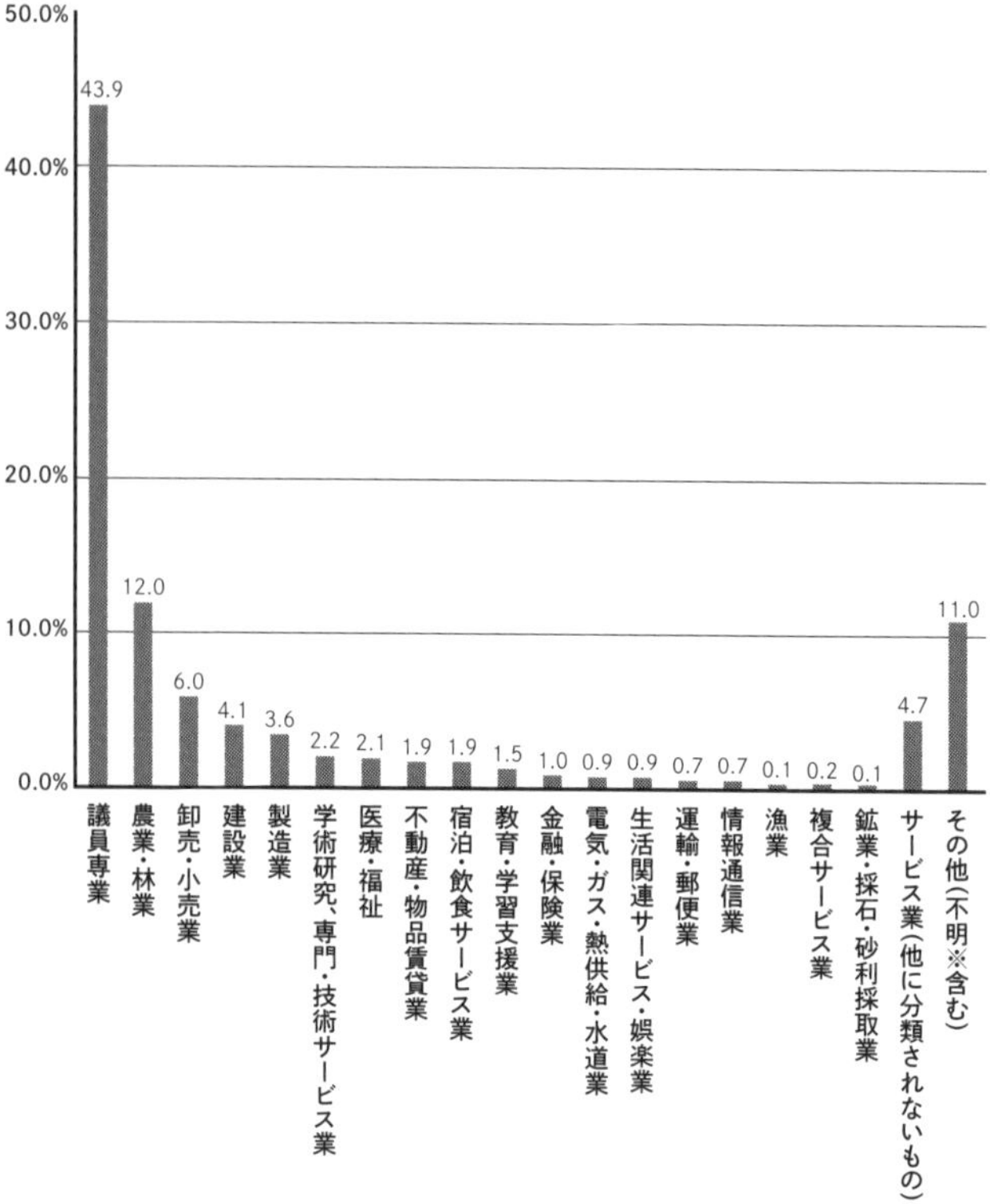

※全国市議会議長会調べ

※不明には、各市議会事務局で兼業している職業を把握していない場合や議員専業か兼業か自体を把握していない場合などが含まれる。

の仕事を続けながらでも十分に議員の仕事を兼業できる人は多いのではないか。

◎謎の多い議員報酬

【秦野市議会議員報酬】

月　　額：44万4千円

年　　額：532万8千円

期末手当（年2回）：約114万5千円×2

報酬（年額）と期末手当の合計：約762万円

資料2を見てください。議員報酬は人口の数に比例し、各自治体によって違う。秦野市の人口は約16万人。まずはあなたの街の議員が実際にいくらもらっているのかを確認していただきたい。

資料2

市議会議員 人口別報酬月額

（平成30年12月31日現在）

	報酬月額		市数
	平均額	最低額	
5万人未満	38.15	18.0	273
5～10万人未満	39.23	26.6	255
10～20万人未満	46.37	36.0	156
20～30万人未満	54.90	43.5	46
30～40万人未満	59.36	51.5	28
40～50万人未満	62.67	55.0	22
50万人以上	72.15	59.9	35
全国平均	42.18	-	815

（単位：万円）

出典：「市議会議員報酬に関する調査結果」全国市議会議長会
※平成29年8月に実施した調査によると市議会議員の平均年齢は59.6歳。市議会議員初当選時の平均年齢は50.2歳。

常勤職である国会議員には歳費（給与）が支払われるのに対して、非常勤である地方議員には報酬が支払われる。この本のテーマは地方議員なので、国会議員の給与には言及せず、あくまで地方議員の報酬にフォーカスして話を進めたい。

報酬とは本来、労働の対価として労働日数に応じて支払われるべきものである。それがなぜ月額で支給されているのか。なぜ非常勤なのにボーナスまで支給されるのか。疑問点は多い。

議員報酬を給与として考えるべきなのか、それとも労働の対価として考えるべきなのか。そこが大きい。

しかし、議員は落選すると失業保険も健康保険もないタダの人。議員年金は廃止され、退職金もない。現在の秦野市議会議員の平均年齢は62・4歳（令和2年4月1日現在）。落選したら多くの議員は再就職先を見つけることすら困難であろう。

報酬だけで生活する専業議員の不安（リスク）は大きく、この不安が議員を保身へと走らせ、ベテラン議員が若手へ席を譲らないなど新陳代謝の阻害に繋がっているとしたら、今の制度自体を考え直さなければならない。

では、実際に議員は自分の報酬をどうみているのだろうか。

令和元年度12月に行われた秦野市議会第４回定例会では、議員の期末手当の賃上げを議員自らが提案し、賛成多数で可決された。

びっくりするのが自分たちの報酬、手当は自分たちで決められるシステムなのだ。

もちろん可決したということは、現在の報酬を「少ない」と思っている議員が多数だということである。その賛成理由としては、「若い世代や多様な人材が議員をこころざし、市民の負託に応えて、より議員活動がしやすい環境整備をするため」と議事録には記載されている。

このステレオタイプな説明に納得のできる市民はいるのか。

議員報酬に対する一般市民の風当たりは強く、「税金泥棒」などと安易に言われかねない。実際に議員になる前の僕もそう思っていたし、それは市民と議員の不幸な関係性である。

基本的に議員というのは、普段自分たちの報酬のことをあまり話したがらない。

しかし、我々には自分たちの報酬に対するアカウンタビリティー（説明責任）がある。それがきちんと果たせない限り、議員に対する市民の信頼感など生まれるはずはない。

資料3を見てください。都道府県議会議員の報酬を「1」とした場合、市議会議員「0・5」、町村議会議員「0・25」である。

町村議会議員の平均報酬月額は20万円余り。これでは議員を専業として生活していくのは厳しいと言わざるを得ない。それに対して都道府県議会議員の平均報酬月額は約80万円。

この「報酬格差」は「労働の質の差」なのか「議員の格の差」なのか。あるいはこれくらいの報酬額を出さないと「なり手」がいないなど、需要と供給の関係で決まる賃金のようなものなのか。いずれにしても、これでは「報酬格差」があまりにも大き過ぎる。

資料3

地方議員 平均報酬月額

(平成25年4月現在)

	議長	副議長	議員
都道府県	95万5000	85万8000	79万1000
政令指定都市	92万4000	83万6000	76万6000
特別区	91万3000	78万3000	60万7000
市	48万9000	43万2000	40万2000
町村	28万6000	23万2000	21万

(単位:円)

出典:産経ニュース(総務省「地方公務員給与の実態」から作成)

◎地方議員はプロフェッショナルか名誉職か

議員報酬を語る上で、カギとなるのが議員定数である。

①アメリカ型「政策論議のできる少数のプロフェッショナルを高額で雇う」
②イギリス型「議会を平日夜間もしくは土日開催にして、より多くの議員で議会を開催。報酬はほぼ無償」

今の日本のシステムは、アメリカ型とイギリス型の中間であろう。定数は中途半端。しかし報酬は国際的に見ても高い。本物のプロフェッショナルでもなく、無償の名誉職でもないという「曖昧」さが自分たちの果たすべき役割の「曖昧」な認識へと繋がっている。

秦野市議会を見る限り、地域の世話役、相談役といった役割に甘んじ、行政の監視、政策立案、議案の審議が極めて重要だという認識の議員は、ほんの一握りしかいない。

そうである以上、今の制度は変えるべきだ。

労働時間が長く、市民の政治への関心が低い日本社会では、平日夜間や土日に地域のために無償で集まる人がどれほどいるのか。

他国のことはよくわからないが、今の日本の制度だと議案の審議には目を通さなければならない書類や資料も多く、②のイギリス型はあまり現実的であるとは思えない。

①の少数精鋭のアメリカ型はどうか。

例えば秦野市議会の場合、定数24を8にして報酬を上げ、選挙を行えば、競争倍率は上がり、優秀な人材が本当に集まってくるのだろうか。

地方議会は我々の生活に直結する「水道料金」「学校運営」「医療・介護」など大切な問題を決定している場である。

秦野市の年間の一般会計予算は約５００億円。この５００億というお金をどう動かすのか。単純にこれだけを考えても、その役割の大きさが少しは想像できるだろう。

そして、その重要な決定は地域の世話役や相談役を得意とする議員がするのではなく、少数精鋭のプロフェッショナルが議論をして決定を下すべきだというのが僕の考えだ。

ここは思い切って二部制を取り入れてみてはどうだろうか。

一部には、8名の（専門職的な）プロフェッショナル議員。月額80万円。

二部には、50名の（名誉職的な）地域相談員。月額10万円。

現在の秦野市議会議員の報酬月額の合計（24名分）は約1、100万円。これとほぼ同額の費用で二部制は実現できる。

多くの地域相談員は、市民の意見を広く聞き、それを議会に報告する。（自治会への加入率の低下が叫ばれる中、地域相談員は、地域活動の中心的な存在としても機能するであろう）

その上で、少数のプロフェッショナル議員が議案を審議し、予算のチェックや政策の立案を行う。

こうすれば、アメリカ型（少数の意見しか反映されない）とイギリス型（素人には議案審議や政策の立案は無理）の両方の欠点が補え、「いいとこ取り」ができる。

■注1

秦野市議会（令和元年度）の開会及び会議等日数。

個人35日（本会議23日、常任委員会4日、予算決算常任委員会2日、議員連絡会6日）

全体58日（本会議23日、常任委員会12日、予算決算常任委員会6日、議会運営委員会5日、議会報編集委員会3日、議員連絡会6日、代表者会議3日）

代表者会議は、正副議長、各会派の代表者が出席。

常任委員会は、総務、文教福祉、環境都市と3つの委員会からなり、議長を除く議員はどれかひとつの委員会に属する。自分の属さない他の委員会への出席は通告制。傍聴は任意。

予算決算常任委員会は、議長を除く議員が属する。

議会運営委員会、議会報編集委員会は、原則、会派に属する議員が出席。

なお本会議及び委員会等以外の「公務」に関しては、所管事務調査（秦野市議会の場合2泊3日）がある。各種式典の来賓、各種研修への参加は任意。

2

立候補

スイッチが入る瞬間

◎本気のひと

もしあなたが地方議員という仕事に魅力を感じたとしても、立候補には動機が必要である。まずは当事者意識を持つことからはじめてみてはどうか。僕の場合、購入したばかりの家の近くに工場ができるかもしれないという何か運命的なものがあって、この世界に足を踏み入れた。

地方政治はあなたの生活に直結する重要事項を決める場である。まずは周囲を見渡してほしい。そうすれば自ずとあなたも当事者になっているケースが案外多いことに気が付くはずだ。

大切なのは、本気になれるかどうか。

僕が投票するなら、やっぱり「本気のひと」に政治をやってもらいたい。

◎「当事者意識」が芽生えた瞬間

２０１９年5月28日に秦野市北公民館で行われた住民説明会には３００名以上もの近隣住民が集まり、その注目度の高さを表していた。内容は新東名高速道路の開通に伴い、秦野サービスエリアスマートインターチェンジができるので、その周辺の土地利用及び道路整備案を住民に説明するというものだった。

この計画を最初に知ったのはこの時が初めてではなく、実は新居を購入する契約日（２０１7年12月）のほんの数日前だった。

２０１６年の夏にブラジルから家族５人で帰国。それ以来、娘の小学校入学に合わせ、妻の実家のある秦野市内で家を探していた。最大の決め手となったのが通学路。丹沢の山々の稜線が近くに見える里山の原風景が美しい場所を僕は気に入った。

しかし、この通学路の途中には15ヘクタール（東京ドーム約３・５個分）もの農地があり、市のホームページで調べると、新東名の開通に合わせて産業利用促進ゾーンとしての土地利用を考えていることがわかった。とにかく新居の契約日までに時間がなかったので、急遽、説明を聞きに市役所まで出向くことにした。

その時の市の説明は「計画案はあるが、着工がいつになるのかわからない」というものだった。まさかこの計画案が後に自分の人生を変える直接のキッカケになるとはその時は1ミリたりとも思っていなかった。

最後は妻の説得にも負け、新居に住みはじめたのが2018年の3月。これで翌月の娘の小学校入学にはギリギリ間に合うことになる。また、このタイミングで妻も本格的に働き出し、僕は子育てを考え、東京にあった事務所を引き上げて自宅を事務所として仕事をするようになっていた。そんなある日、回覧板で住民説明会の開催を知り、あの時に聞いた計画案は予想よりもずっと早く本当に実施されるのだと思い知らされる。

「大手飲料メーカー進出案」

あの15ヘクタールの美しい土地には工場が建ち、周辺には新しい大きな道路がつくられ、

現地には、いまだに反対運動の看板が掲げられている。

僕の好きな静かな里山の原風景は失われてしまう。

反対派の人は敷地内に住居をもつ地権者がそのほとんどで、彼らにとって「大手飲料メーカー進出案」は、すなわち「立ち退き」を意味する。

一方、賛成派の人は敷地内に農地のみを持つ地権者で、この絶好の機会に農地を売却したいと考えている。

◎政治家もギャングも同じ？

ここ戸川地区は地縁・血縁関係者も多く、同じ苗字の親族が賛成派と反対派に別れ、地域社会は完全にふたつに分断されていた。賛成派の筆頭には地元の有力者である元県議会議員がいる。本当はこの計画に反対でも彼の存在を恐れ、自分の意見すら言えない人までいた。夜、近所の人目に付かぬようにこっそりと話をしに来た人もいれば、「陰ながらご報告させていただきます」という内容のメールも何通かもらった。

「同じ」だと思った。

戦前の村落共同体的な性格を強く残した日本の地域コミュニティ、民主主義が正常に機能していないアフリカの一部の国々、ブラジルのファベーラのような治外法権のスラム街では、結局最後は「力」が物を言う。強いものに住民がなびくのだ。

強いものを決めるのは経済力や政治力や暴力だったり、時には市役所への就職を斡旋するコネのような力だったりと住む世界でさまざまだ。ブラジルのファベーラではギャング同士またはギャングと警官が暴力（時に経済力）でどちらが強いのかを争っている。この戸川地区では元県議会議員の政治力がその強さの証だったのだろう（2019年4月政界を引退）。

強いものが実権を握るシステム。

強さの定義が違うだけで、ギャングも政治家も「同じ」だと思った。

◎口をモゴモゴさせた答弁

説明会の話に戻る。

「地下水は誰のものか？」

300名を超える地元住民の前で、「よそ者」が突然、「地下水」について質問をした。

戸川地区だけの地権者同士の争い（立ち退き問題）から、秦野市全体の水問題へと昇華させるのだ。

秦野は地下水が豊富で水が大変美味しいところである。２０１６年には環境省主催の名水百選選抜総選挙「おいしさが素晴らしい名水部門」で見事全国第一位に輝いている。大手飲料メーカーの目的は秦野の名水に違いない。僕は説明会開催までの貴重な時間を資料を読んだり、ＮＨＫで報道番組を作っている同級生に相談したりと万全の態勢で臨んだ。

用意した質問は左記の３つ。

①「地下水は誰のものか?」

秦野市では条例で地下水を「公水」とし、市民共有の財産と定めている。

しかし、民法２０７条では、「土地の所有権は、法令の制限内において、その土地の上下に及ぶ」とある。また憲法29条では、「財産権は、これを侵してはならない」と謳い、個人に非常に強い財産権を与えている。

つまり、民法や憲法では、地下水はその土地の所有者のものだという解釈が一般的。もし企業側と水の利権を争うことになったら、市の条例で市民共有の財産である「公水」を本当に守れるのか？

②「地下水の収支について」

秦野市の地下水の賦存量（注2）は約2億8千万トン（芦ノ湖の約1・5倍の水量）と言われているが、無限ではない。

当然、収＜支となれば、地下水の量は減っていく。

市は飲料メーカーの地下水の揚水量（汲み上げ量）を具体的にどうコントロールして、水収支の均衡を維持していくつもりなのか？　例えば1日あたりの取水量の制限など企業側と事前協議する予定はあるのか？

③「戸川地区は制限地域」

秦野市では地下水保全条例において、原則新規の井戸掘削を禁止している。（ただし、市長が特に必要と認めた場合のみ特例あり）

この井戸掘削における利用形態の基準や評価を示したものが、「秦野名水の利活用指針」。

これには用途、使用量、汚染リスク、秦野名水の普及効果、地域特性によって掘削が適切なものであるのかどうかを判断する基準が明記されている。

【地域特性】

A）推進地域：地下水賦存量に影響を与えにくい地域

B）制限地域：地下水賦存量や周辺地盤に影響を与えやすい地域

「秦野名水の利活用指針」によれば、ここ戸川地区は地下水かん養域（注3）であり、制限地域である。

これをどう考えるのか？

この3つの質問に対する市の回答は、僕の想像以上に「質」の低いものだった。とにかく聞いていても何を言っているのかがよくわからない。国会中継でよく見る、口をモゴモゴさせた答弁だった。（今から考えると、その場に詳細なデータを持ち合わせていないなど、

答弁者側の諸事情もあったかと思う）

その後は議会へ傍聴に行き、市へ電話で問い合わせをするなど、やれることはすべてやってみたが明確な回答はどこからも得られなかった。また、一向に電話が繋がらない地元（北地区）の議員もいるなど、この件に関して市議会議員（共産党以外）は終始「沈黙」を貫いていた。

こういう時に市民と行政の間に入って、きちんと説明をするのが市議会議員の仕事ではないのか。

唯一、電話で話すことのできた議員の回答は、「あなたの気持ちはよくわかるが、私にはもう反対する元気はない」というなんとも情けないものだった。

最終的に僕たち反対派は自らが動き、約2、500名もの署名付き陳情書を秦野市議会へ提出したが、これも却下。「議員配布に留める」という形で、議会で審議すらされなかったのだ。（議員になって、当時の議事録を調べてみても、なぜ「議員配布に留める」ことになったのか、その理由すら記載されていない）

◎結論ありきのトップダウン方式

「結局、何を言っても無駄なのだ」

いくら良い質問をしても、いくら多くの署名を集めたとしても、結局は、結論ありきのトップダウン方式。

すべては構造上の問題なのだ。

自分の中で「カチャ」とスイッチが入る瞬間だった。

そんな怒りに身を震わせているときに、4年に一度の秦野市議会議員選挙がこの夏（2019年8月25日）に行われることを知る。今から思えばこの選挙の時期が少しでも前後していたのなら、僕は今頃政治家をやっていなかっただろう。

そのくらいドンピシャなタイミングだった。

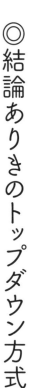

7月末、大手飲料メーカー撤退の知らせを受ける。正式な撤退理由は明かされていないが、反対運動の盛り上がる土地への進出は望ましくないとメーカー側は判断したのだろう。

撤退が決まった以上、選挙に出る必要があるのか？

しかし、大手飲料メーカーの撤退が決まっただけで、この計画自体の中止が決まったわけではない。構造上の問題をなんとかしなければ、同じ問題は繰り返されるのだ。

おそらく、この時の僕は誰に何を言われても立候補していたのかもしれない。

「議会に行って直接、俺が話をつけてやる」

そう思っていた。

■注2

賦存量とは、ある資源について理論的に導き出された総量。資源を利用するにあたっての制約などは考慮に入れないため、一般的にその資源の利用可能量を上回ることになる。

■注3

地下水かん養とは、地表の水が地下浸透して帯水層に水が供給されること。

3

選挙

準備期間１か月、費用12万円

◎決断のタイムリミット

「Tem que tentar」（「試さなければ何もはじまらない」という意味のポルトガル語）

僕はいつも時間の許す限りギリギリまで考える。周囲の人間に「大丈夫なのか？」と心配されるまで考える。そして、タイムリミットが迫った時にまだ迷っているのなら、いつも（前述）の原則に従うことにしている。

今回も最後まで迷った。

最終的に決心したのが、提出書類の事前審査締め切り日の約1週間前。それから1週間は書類関係の手続きに追われることになったが、この提出書類の事前審査締め切り日が、立候補するにあたっての実質的なタイムリミットとなる。

この章では選挙に関する具体的なルールや情報も記載し、今回の経験で学んだことを皆さんと共有したい。選挙に直接興味のない方は、読み飛ばしていただきたい。

【2019年秦野市議会議員選挙スケジュール】

①約半年前　選挙日程発表
②6月25日　説明会及び提出書類の配布（代理人出席OK）
③8月9日　提出書類の事前審査締め切り日
④8月18日　告示日（立候補届出の日）
⑤8月18日〜24日　選挙運動期間
⑥8月25日　選挙当日

少し振り返ってみたい。

6月25日の説明会には、代理人を立て、書類を取りに行ってもらった。前章で述べた戸川土地区画整理事業の住民説明会が行われたのが5月28日。それから1か月も経っていない時点で一度は選挙を意識していたことがわかる。その後は署名活動や大手飲料メーカー撤退の話もあり、最終的に立候補を決心したのは8月に入ってから。

「票が欲しいから活動をしている」とか「票が欲しいから近寄ってくる」とか、周囲に余計な噂や誤解を生むのが嫌だったので、立候補のことは自分の中で本当に決心がつくまで誰にも話さなかった。

◎やったことリスト11

①書類一式の提出

中学校卒業程度の日本語の読み書きができれば誰にでもできる。提出期限に注意。

②会計責任者の選定

候補者本人でも可能だが、公職選挙法にはお金に関する細かい規定や紛らわしいルールがたくさんある。初めての選挙は不明な点も多く、その都度選挙管理委員会に確認を要した。本当は誰か信頼のおける人にやってもらえると、本人は選挙活動に集中することができる。僕は義兄に会計責任者をやってもらった。

③供託金（30万円）の納付（市議会議員選挙の場合）（注4）

提出書類で一番時間がかかるのが、供託書正本。受け取るには、次のふたつの方法がある。

・オンラインによる申請の場合

オンライン申請↓郵便局等で供託金の支払い↓法務局に支払い証明書を提出↓法務局窓口にて供託書正本を受領↓選挙管理委員会に供託書正本を提出。（注5）

・法務局で直接申請の場合

法務局に行き申請書を提出↓法務局が供託書正本と払込書を作成↓その書類を持って銀行で払込↓銀行が供託書正本に領収印を押印↓選挙管理委員会に供託書正本を提出。

納付した供託金の返納・没収については公職選挙法93条「都道府県又は市の議会の議員選挙」の場合として、候補者の得票数が有効投票総数を議員定数で割って10分の1をかけた数に満たない場合、供託金は没収されるとある。

【2019年秦野市議会議員選挙の場合】

有効投票総数54、776票÷議員定数24×1／10＝228（小数点以下切捨）

つまり得票数が228票に満たなければ供託金は没収される。今回は28名中最下位の得票数は582票だったので、立候補者全員に供託金は返納されたことになる。

④選挙ポスターの作成

撮影（仕事）の合間にアシスタントに撮ってもらったスナップ写真を使用。一般的に選挙ポスターに使われる写真は候補者の顔をドアップにした、写真スタジオで撮られたものが多い。しかし、僕には自分の顔をドアップにする勇気も美意識もなく、特に必要性も感じなかった。他との差別化を図るためにもあえてイメージっぽい感じの写真を使用した。

また、デザインも普段一緒に仕事をする（僕の写真集をデザインしてくれた）馴染みの

伊《い》藤《とう》大《だい》輔《すけ》
市議会を
フレッシュに！
無所属
43歳
掲示責任者：古尾谷一宏 秦野市栄町 8-2 印刷者：有限会社タイムトゥエンティーワン 秦野市堀川 820-3
伊藤大輔公式ホームページ

デザイナーに依頼。おかげで全28枚ある選挙ポスターの中で明らかに他とは違う雰囲気のポスターに仕上がったと思う。

選挙ポスターとはこういうもの、総合計画案とはこういうもの、議会とはこういうもの。そういう思い込みが、幾重にも重なって、今の政治の行き詰まりを作り上げている。

選挙ポスターの作成ひとつにも「創造的破壊」が必要だ。

⑤選挙公報原稿の作成

資料4を見てください。

⑥ビラ（A4サイズ）の作成

候補者は、選挙運動のために、立候補届出の日（告示日）から投票日前日までの間に4、000枚のビラを配ることができる。(注6)
配布するには、立候補の届出と合わせて、選挙用の証紙（切手サイズのシール）を受け取り、その証紙をビラに貼らなければならない。また、ビラのどこかに頒布責任者及び印

資料4

選挙公報

どうも初めまして！ 秦野の豊かな自然と美味しい水に惹かれ 移住して来ました
写真家の伊藤大輔と申します。

■ なぜ僕が選挙に？

5月28日、新東名高速道路開通に伴う大手飲料メーカー進出に関する住民説明会に僕はいました。秦野の戸川に住み始めて一年半。ここでの生活が好きになり始めた矢先の突然の知らせでした。明らかに工場の建設を望んでいない人の多い中、なぜこの計画が推進されてしまうのか？それが全て行政の構造上の問題だと気がついた時、僕は今回の選挙に出ることを決意しました。

■ マニフェスト 〜6つの政策〜

・企業誘致→個人に選ばれる移住政策の推進を！
・外国人への日本語教育と文化交流
・0歳から2歳までの保育料値上げの見直し
・食とエネルギーの地産地消
・少人数学級の実現
・市議会を面白く、フレッシュに！

高度経済成長期のような「税収増」「雇用増」をただ闇雲に求める時代はもうとっくに終わりました。これからの地方都市における最大の問題は少子高齢化による人口減です。この問題にどう向き合うのか？既得権益を持った一部の人たちが未だに旧来の引き出ししか持ちあわせておらず新しい可能性を潰している。秦野には美味しい水と丹沢山といった他にはないとても貴重な天然資源があります。これを最大限に生かした新しい秦野の可能性を僕と一緒に模索していきませんか？

<プロフィール>
1976年 宮城県仙台市生まれ。明治大学農学部卒業後、一般企業に就職するも退社。スペイン、バルセロナに渡り写真を学ぶ。
2004年よりブラジル、リオ・デ・ジャネイロのスラム街を拠点に写真家としての活動を開始。
2011年 文化庁新進芸術家海外留学制度研修員。2016年 帰国。TBS「クレイジージャーニー」他メディア出演多数。

伊藤《いとう》大輔《だいすけ》

43歳
無所属

刷者の氏名、住所を記載しなければならない。

頒布は新聞折込み、選挙事務所内、個人演説会の会場内、街頭演説の場所に限られる。ポスティングや歩きながら配ることはできない。僕は街頭で配りきれなかった分は、新聞折込みとして頒布した。

⑦ホームページ、SNSの立ち上げ

お金をかけずに手作りHP。SNSはFacebookを中心に、Twitterを新しくはじめたぐらい。

⑧選挙ハガキの郵送

候補者は選挙運動のために立候補届出の日（告示日）から投票日前日までの間に2、000枚の選挙ハガキを配ることができる（注7）。次のふたつの方法がある。

Ⓐ立候補届出後、郵便局で通常ハガキを受け取り（無償＝公費負担）、そこから印刷して再び郵便局へ持ち込む。

Ⓑあらかじめ私製ハガキを作成しておき、立候補届出後すぐに郵便局へ行き発送する。

基本的に候補者はⒷを利用する。なぜなら、立候補の届出後に印刷をしていたのでは一週間しかない選挙運動期間中の貴重な時間を宛名書きや印刷に費やすことになってしまうからだ。それよりも事前に準備のできるⒷがベターだ。

Ⓑの場合、立候補届出の受理に合わせ、選挙管理委員会から交付される差出票とあらかじめ作成した私製ハガキを一緒に郵便局へ持ち込むことで候補者は無償（＝公費負担）で郵送ができる。僕は100円ショップで50枚100円くらいのハガキを買い、それを家で

印刷して、公費負担で郵送したので、かかった費用はインク代とハガキ代だけだった。

⑨市内269箇所に設置された掲示場に選挙ポスターを貼る

最終的に10名が集まってくれたので、一人あたり約27枚に分担して作業を行った。「立候補の届出が受理されたら一斉に『よーいどん』でいち早くポスターを貼ることがその候補者の実力を表す」という考えがこの世界にはあるようだ。しかし、僕の場合はすべてボランティア。特に無理することなく協力者の都合に合わせ2日間かけてポスター貼りを行った。

これはあくまで個人的な意見だが、こういうポスター貼りや朝の声出しのようなもので頑張ろうとする議員が議場でそのまま「精力的」であるとは限らない。人が政治家を目指す理由はさまざまだが、僕は時勢をとらえ、正しい政策を導き出すことに「やりがい」を感じるタイプの政治家である。野球の試合で、ベンチでよく声を出す選手がチームの勝利に貢献しているとは限らないように、大切なのはプレイの質であって、我々議員がプレイ

（議論）するのはあくまで議場である。

⑩朝、駅の通勤者にビラ配り

公職選挙法第164条の6により「午後8時から翌日午前8時まで」は街頭演説を行えないので、「おはようございます」と元気に毎朝ビラ配り。

普段、通勤者の姿を見ることがほとんどない僕のような人間にとっては良い機会にもなる。配っていて気がついたのは、日本人は目の前の人がビラを受け取るとそれに続く人たちの受け取り率も一気に高まるということだ。朝の通勤は皆足早なので、ある種の条件反射のようなものなのか。ちなみに差し出されたもの（無料でもらえるもの）は何でももらおうとするブラジル人が相手なら、ビラ配りはもっとスムーズにはかどったことだろう。

時間に余裕がなく、受け取ったビラを捨てる場所まで心配できる日本人は、優秀なのか、幸せなのか。ビラ配りひとつでも、いろいろと考えさせられる。

⑪夕方〜夜、駅周辺での街頭演説

講演会やトークショウなどの経験により人前で喋ることには慣れているつもりだったが、街頭演説は勝手がまったく違った。

夕方18時ぐらいからリミットである20時まで主に帰りの通勤者で賑わう駅周辺での街頭演説を行った。しかし、立ち止まってくれる人がほとんどいない。それが何よりもショックだったし、誰に向かって話している演説なのか途中でわからなくなる。最初の数日間は冷や汗ものだった。

よく街角や駅などで、黙々と一人通行人の邪魔にならない程度の小声で演説をしている

政治家の姿を見かけたことがある人は多いだろう。なんとも不思議な光景である。もはや誰に対しても話していない。あれが単なる修行なのか、パフォーマンなのかわからないが、僕にはどうしても市民に伝えなければならないことがあった。

「どうやったら立ち止まって話を聞いてもらえるのか」

気がついたのは、日本人はあまり近くで「直」に演説を聞くのが好きではないということ。反対に人が多く集まっているところには集まる。そうである以上、聞き手と程よい距離を保てるような場所を、カメラアングルを探すかのようにピンポイントに見つけ出さなければならない。

「音」には準備段階でストリートライブもできるような音質の良いスピーカーを購入した。自分の話を聞いてもらうのに「声の質」はとても大切だ。選挙の時にいつも聞こえてくるノイズのようなガラガラの声（拡声器）で演説を行うことは僕にはあり得なかった。

「照明、演出」については急遽、仕事仲間の照明技師を呼んで選挙期間中の後半から回転式のミラーボールを高く釣り上げ、そこに強力なライトを当て、路面に動く天の川のような空間を演出した。これも通行人に少しでも立ち止まってもらうための工夫だった。

そして、演説の内容もそのやり方も回を重ねるごとに改善を加えながら迎えた最終日のラスト演説が自分でも唯一納得のできるものになった。（YouTubeで「伊藤大輔　秦野市議会議員選挙ラスト演説」で検索して見てください）

◎選挙カーに乗らなかった理由

逆に僕がやらなかったのは、選挙カーによる選挙運動（注8）。主な理由は3つある。

①うるさいと思ったから。
②政策を語るのではなく、自分の名前を連呼することにあまり意味を感じなかったから。
③選挙カーの借入れ、運転手の雇用、燃料の購入などにかかる公費が無駄だと思ったから。

2019年の秦野市議会議員選挙での立候補者は28名。そのうち25名が選挙カーを使用し、その費用（公費）は全体で約４４８万円。

それよりも候補者による公開討論会（ネットで視聴可）はどうだろうか。人数が多ければいくつかのグループに分けて、数日間にわたって行ってもよい。

大切なのは、候補者の「外面」を見ることではなく、「中身（考え）」を知ることである。
（注９）

◎選挙にかかったお金（自腹分）

左記に記載されていないもの（選挙ポスターやビラの作成費等）は公費で賄われている。

①ライブ用スピーカー一式	５９、４００円
②照明機材及び人件費	３０、０００円
③ビラ（Ａ４サイズ）の新聞折込み代	９、５４９円
④たすき、のぼり代	１８、１８４円

⑤雑費　4、962円

合計122、095円

【2019年秦野市議会議員選挙立候補者の平均支出額】
約875、359円（小数点以下四捨五入）

一般的に選挙というとすごくお金がかかるイメージがあるが、12万円である。地方選挙はやり方によって12万円で当選できるのだ。供託金（出場料）だけで何百万円もする国政選挙に対して、一般市民にでも無理なくはじめられるのが地方選挙である。

◎市民が議員をコントロールする

今回協力してくれる仲間がいなければ僕はスタートラインに立つことすらできなかったであろう。有機農家、ナチュラル志向の都心からの移住者、教育問題に意識の高いママさんなどが集まって協力してくれた。後援会などの組織もなく、同級生や仕事仲間もいない完全アウェーの地で協力してくれる仲間がいたことはすごくありがたかった。

市内269箇所ある掲示場に選挙ポスターを貼る作業は僕一人では到底無理だったし、街頭演説も一人孤独にならずに済んだのは彼らのおかげだった。これらはすべてボランティアであり、そこが一般的なこれまでの選挙運動との最大の違いだ。どの政治団体、企業、組織にもお世話になっていない。

企業やある特定の組織から支援または寄付を受ければ彼らが議員をコントロールする。逆に市民に支えられれば市民が議員をコントロールする。簡単に言うとそういうことなのだが、この差は実際に議員になってみるとよくわかる。

僕はひとつひとつの政策や議案に純粋に誰の目も気にすることなく、これが市民にとって本当にメリットがあるのかどうかを真剣に考えるだけだ。それに対して、既に選挙でお世話になっている組織や政党があればどうしても彼らの立場（損得）を考えた上での発言や議論にならざるを得なく、結局はポジショントークになってしまう（「議員の仕事」の章で詳しく述べる）。また、実際にそういう場面をたくさん見てきた。

大切なのは、我々議員は一般市民の代表者であって、ある特定の組織や政治団体の代表者ではないということ。もちろんある特定の組織を支えているのも同じ市民である。しかし、投票率が有権者の半分（50％）を下回るような選挙で選ばれる議員というのは、特定の政党や企業などの組織票を持つ議員がそのほとんどである。

2019年秦野市議会議員選挙の投票率は、約41％。あなたは自分の代表者をきちんと議会へ送り込めているだろうか。

■注4

供託金の金額は選挙の種類によって異なる。
県議会議員選挙60万円、市議会議員選挙30万円、町村議会議員選挙は供託金なし。

■注5

郵便局等の支払いの他、インターネットバンキングからの支払いも可能。供託書正本の受領は法務局の窓口の他に、切手・封筒を法務局に送付すれば郵送での受領も可能。

■注6

選挙運動用ビラの上限枚数は選挙の種類によって異なる。県議会議員選挙1万6千枚、市議会議員選挙4千枚、町村議会議員選挙は頒布不可。

■注7

郵送できる選挙ハガキの上限枚数は選挙の種類によって異なる。県議会議員選挙8千枚、市議会議員選挙2千枚、町村議会議員選挙800枚。

■注8

公職選挙法164条の5には、「選挙運動のためにする街頭演説は、次に掲げる場合でなければ、行うことはできない」とあり、その第一項には「演説者がその場所にとどまり、次項に規定する標旗を掲げて行う場合」とある。街頭演説は立ち止まって、選挙管理委員会から支給される垂れ幕を下げない限り行ってはいけない。つまり、走行中の選挙カーでの演説は行えないということになる。選挙カーが街中を飛び回り、ウグイス嬢が候補者の名前をひたすら連呼するような現在の選挙活動が定番化したのはそのためであろう。

■注9

公職選挙法第164条の3の規定により、選挙期間中は「候補者による個人演説会のみ開催可能」となっている。したがって、民間団体等の候補者以外の第三者が主催となり、各候補者の意見を聞くような公開討論会は選挙期間中は開催することができない。現行法上で、選挙期間中に討論形式に近いものをしようとするならば、候補者個人同士が申し合わせて、同日時・同会場で、合同個人演説会を開催する形式に限られる。なお、第三者主催による公開討論会は選挙期間外であれば開催可能。ただし、発言できる内容は自らの政治上の主義主張を述べるものにとどまり、特定の選挙について自分に投票を促すような依頼はできない。

4

シルバー民主主義

道をあけない年老いた男性たち

◎平均年齢62歳

「健康のために議員生活を続けたい」

という話を聞いてしまったのは、控え室でベテラン議員が話をしている時だった。

僕たちは今の地方議会にきちんと代表者を送り込めているのだろうか。

「そんな代表者などいない」と半ばあきらめ、政治から遠ざかっていないか。

その代償は大きい。

【2019年秦野市議会議員選挙】
投　票　率：41・3％
当日有権者数：13万4、230人

資料5は2019年秦野市議会議員選挙の年代別投票率である。

資料5

年代別投票率

（2019年8月25日執行 秦野市議会議員選挙）

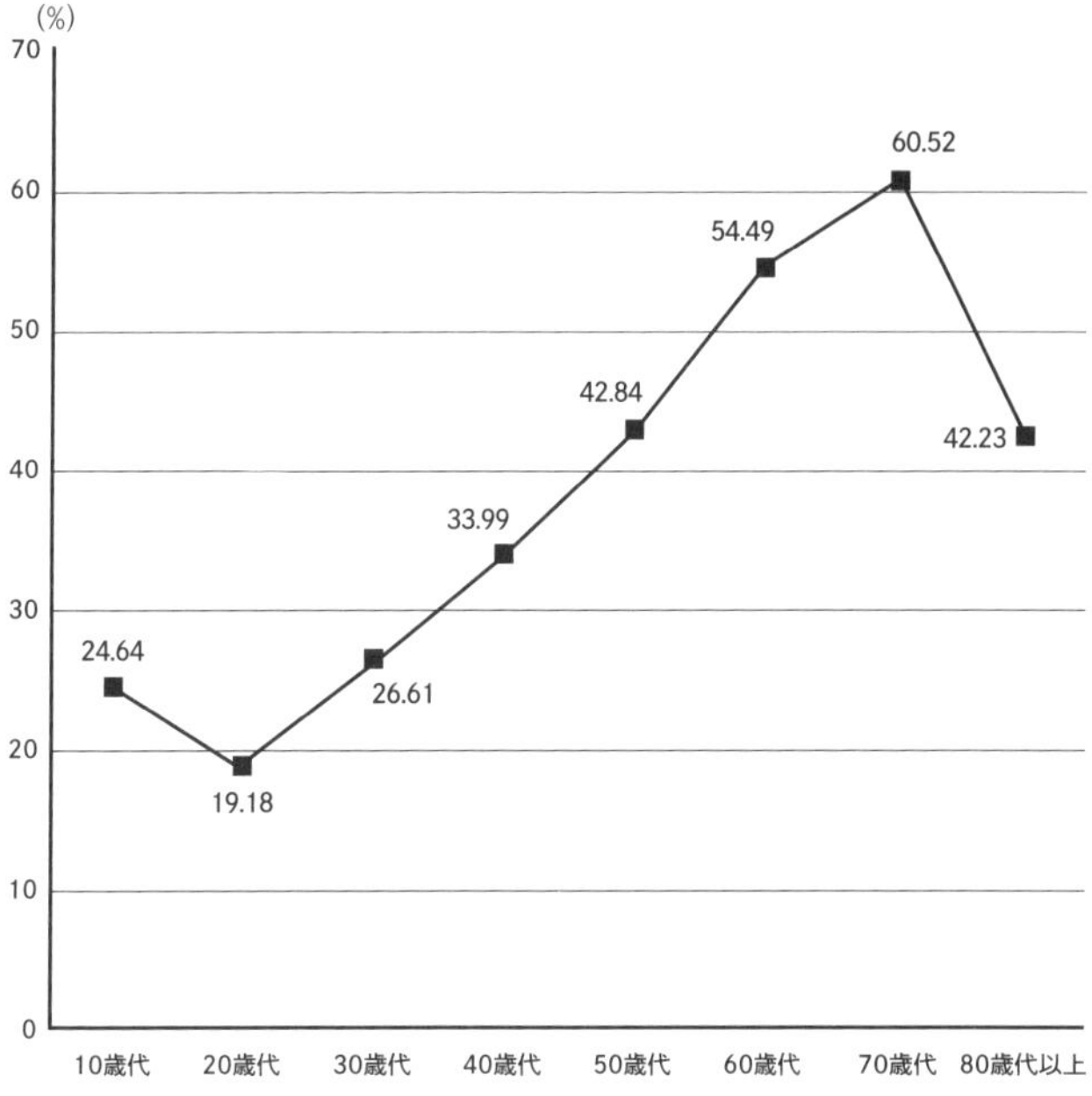

出典：秦野市選挙管理委員会事務局

20代と80代を除き、年齢が上がるにつれ、投票率も上がっている。選挙前の議員の平均年齢は66・2歳（2019年4月1日時点）。84歳と85歳で当選された方もいて、任期の終了する2023年には、それぞれ88歳と89歳になる。

現在（2020年4月1日時点）の秦野市議会議員の年齢構成もみてみよう。

今回の選挙では新人5人が当選したため、平均年齢こそ62・4歳と若干若返ったものの、左記の通りである。

20代：0人
30代：0人
40代：4人（1人）
50代：7人（1人）
60代：8人（1人）
70代：3人（1人）
80代：2人　※カッコ内は女性議員の数

20代、30代がまったくいないのだから、「偏っている」と言わざるを得ない。平均年齢が60歳を超える組織なんて、シルバー人材センター以外に存在するのか。民間ではありえない数字である。

資料6を見てください。ジェンダーの問題もある。

全国の議員定数のおよそ87%は男性議員であるのに対して、女性議員の占める割合はわずか13%である。秦野市議会議員24名中、女性議員の数は4名。その年代別の内訳はカッコ内の数。女性議員の高齢化も目立つ。

資料6

全国の議員定数と男女の構成比

議員定数	男性議員	女性議員	欠員
33,085	28,180	4,270	635

（単位：人）

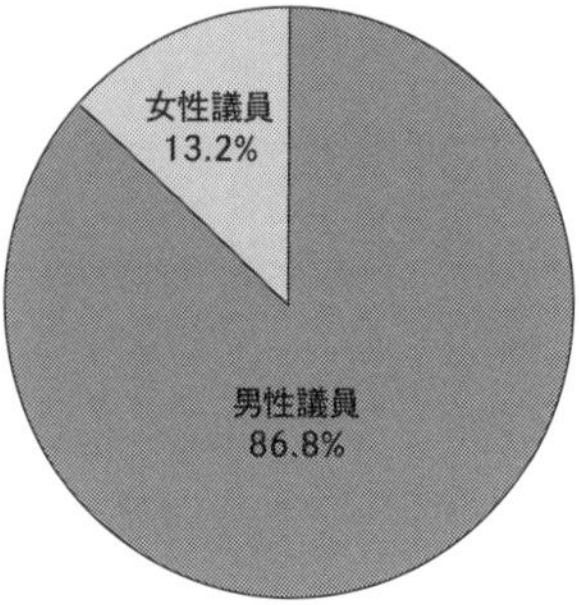

女性議員の割合

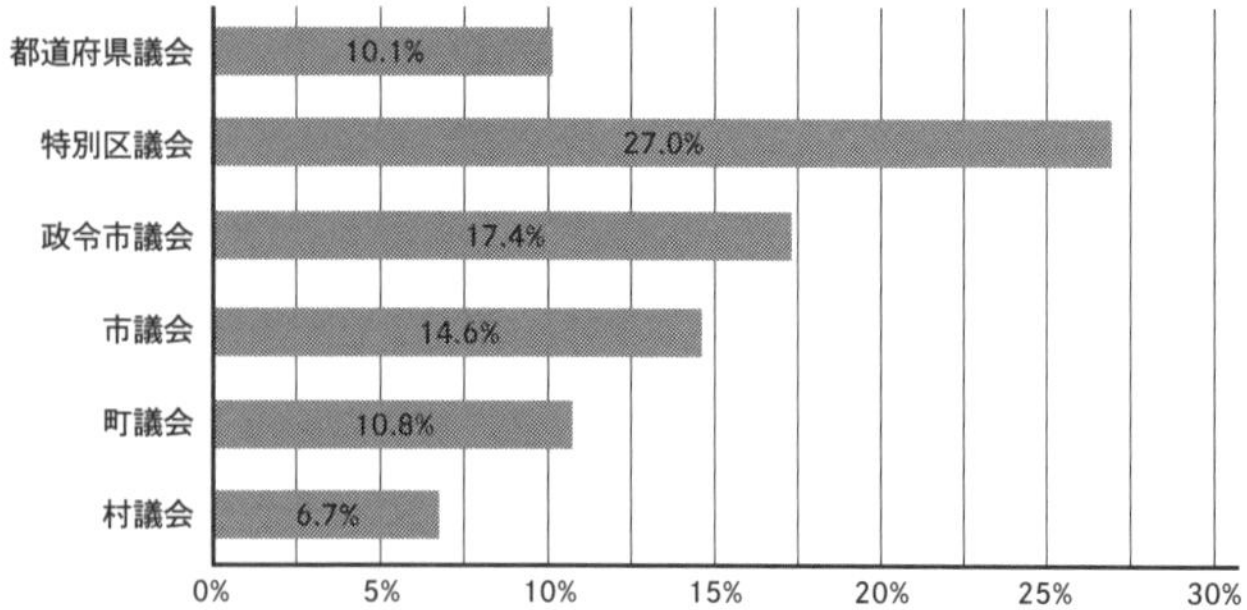

出典：NHK「議会の姿」

◎バンクシー「退化した議会」

議会中、疲れた時など僕は議場全体を見渡してみる。執行部と言われる行政側の席には還暦を間もなく迎えようとしている定年間近の男性陣の姿が、議員側の席にはそれ以上の高齢者の姿が目立つ。秦野市の最高意思決定機関である本会議の光景が、今の政治の「偏り」をそのまま表している。

その光景を写真で可視化するのはどうだろうか。

バンクシーの「退化した議会（Devolved Parliament）」（NurPhoto/Getty Images）

自分たちの姿を鏡に映し出すことで、客観的になるのだ。

ストリートアーティストとして有名なバンクシーの作品「退化した議会」が、過去最高額約13億円で落札されたそうだ（2019年10月）。この「絵」には、議員の代わりにチンパンジーが着席している英議会の様子が描かれており、与野党が向かい合う議員席には、牙をむき出しにして、野次を飛ばすチンパンジー、前列で背中を丸めて眠っている猿議員、後列には空き瓶で遊んでいるチンパンジーもいる。10年前に描かれたこの作品が、今の英国議会の議員たちの似姿の予言として話題になっていた。

◎「淀んだ水はどこまでも濁る」

若者よりも高齢者に比重の置かれた状況を作り出している要因は、主にふたつある。ひとつは「有権者の高齢化」、もうひとつは「若者ほど低い投票率」（P63資料5参照）が挙げられる。

日本の場合、1950年には全有権者のうち、若者世代（20〜30代）の割合は50％を超えていたが、2015年には30％弱まで低下。逆に、高齢世代（60歳以上）の割合は14％から40％に上昇。2050年には、有権者の半分以上が高齢世代になると予想されている。

有権者全体のうち高齢者が占める割合が高く、かつ高齢者の投票率が高いとどうなるのか。当然、選挙で当選したい政治家は、より多くの票を得やすい高齢者に配慮した政策を優先的に打ち出すようになる。

平成26年度内閣府「国民生活に関する世論調査」では、年代別の政府に対する要望がまとめられている。

同調査によると、高齢者は「高齢社会対策」「医療・年金等の社会保障の整備」への要望が高い一方で、若者が重視する「雇用・労働問題への対応」「少子化対策」などへの関心が相対的に低くなっている。高齢者だろうが、若者だろうが、人は自らの世代に直結する政策への関心が高いということだ。

「選挙に行かないと損をする」

当たり前のことだが、一般市民にこういう感覚の人は少ない。

シルバー民主主義は今や日本だけでなく、人口が減りはじめた先進諸国でも議論の的となっている。「世代別の選挙区を設けてはどうか」「未成年の子どもを持つ親に、代理投票権を与えよう」そんなアイディアが続々と提案されている。

しかし、政治は理想で動くほど甘くはない。

年老いた男性が道を開けないのである。

人間は誰しも歳をとる。

しかし、最近思うのは、高齢者にはふたつのタイプがあるということ。

①いつまでも自分のことばかりを考え続けるタイプ。

②次世代のことまで考えるタイプ。

満員電車で高齢者や子どもや妊婦に席を譲るように、若者に席を譲れるような歳のとり方をしたい。「席を譲れない」最大の理由は、単に経済的な事情によるものだと考えていた。そこにまさか「健康のため」が含まれているとは思っていなかった。

「淀んだ水はどこまでも濁る」

幸いにも若い世代に席を譲らなければと考えている有権者も多くいるようだ。まずは、現実を正確に知ってもらうことからはじめなければならない。

◎「やる気」のあるシニア層には活躍の場を！

一方、『LIFE SHIFT』の著者リンダ・グラットン氏が提唱する「人生100年時代」の新しい働き方。日本は世界屈指の長寿国。男性の平均寿命は81・3歳、女性の平均寿命は87・3歳である。それなのに、多くの職場の定年は65歳。本人のやる気や経験に関わらずに、65歳になると有無を言わさず強制退場させられてしまう。

もちろん体力や仕事に対するモチベーションやスキルには、個人差が相当ある。本人が望んで辞める、あるいは仕事に価値を生み出せないというのであればわかる。しかし、「人生100年時代」の豊かな老後を考える時に、仕事をする、つまり他の誰かや社会の役に立ってお金をもらうことを強制的に取り上げてしまうのはおかしい。生きている限り価値を生み出せる社会であってほしい。

人間社会ももっと自然界にならうべきなのかもしれない。強い大木は100歳でも現役でいる。一方で、無理の利かない人やモチベーションの下がった人、老後の蓄えも十分な人が引退をすることは自由だ。

ただし、これはあくまで一般社会の話。「公職」と呼ばれる政治の世界では、どんなに強い大木であっても「自分のことばかりを考え続けるタイプ」の政治家が長くポストにしがみつくべきではない。

◎ブラジルの高い投票率

「有権者の高齢化」はどうしようもないが、「若者ほど低い投票率」に関しては、改善の余地がある。ネット投票の導入や投票の義務化である。このふたつを同時にやってしまえば良い。全体の投票率を上げることで、高齢者と若者の投票率の差を小さくすることができる。

ブラジルでは投票は義務である。違反した場合には、少額の罰金が課せられる。その他にも例えば、公務員向けの試験や就職試験に申し込むことができなくなる。パスポートまたはIDカードの取得ができなくなる。公立または政府監督下にある学校への登録更新ができなくなる、など細かい罰則が規定されている。投票は国民としての果たすべき義務なので、その義務を果たさなければ当然、ブラジル国民としての公的な権利も失うという考え方だ。

ブラジルの投票率が高いのは、確かに義務投票に支えられているからではあると思う。

しかし、それだけではないような気もする。彼らは日常の会話で政治の話をよくするし、社会問題（例えば治安の悪さや貧困問題）の深刻さが、政治を身近に感じさせるひとつの大きな要因にもなっている。

当事者意識が人を政治へと向かわせるのだ。

ブラジルサッカーが強いのは、観客が「あーでもない、こーでもない」とひとつひとつのプレイに目を光らせているから。だから選手は必死で頑張れるのだ。トラップが下手くそで、正確なキックの技術もない、献身的なプレイも努力もしない選手をだれが応援するのか。無観客試合に慣れ過ぎた今の地方議会は、緊張感もなく、プレイ中に居眠りすることすら許されているのだ。

◎変えられない人は何年やっても変えられない

秦野市議会には、20年以上（5期以上）やっている議員が7名いる。

閉じられた空間で長い間、同じようなメンバーでやっていると、いつの間にか「彼らの常識」ができあがってしまう。しかも、彼らと世間の常識のズレは、時間の経過と共に大きくなってゆく。「彼らの常識」は、「これまではこうしてきた」という過去の慣例に拠るところが大きく、それを超えた発言や行動には、周囲からの同調圧力が一気にかかるシステムなのだ。また、その同調圧力は議事進行のあり方など公正であるべき審判（議長）の判断にまで及ぶのである。僕はこの1年間に何度も議長からイエローカード（警告）を受けてきたが、その警告はどれも論理性に欠け、説得力のないものばかりだった。

「議員の任期は一人12年（3期）まで」

当選回数の制限（多選の禁止）を検討するべきだ。

変わる時には1年目から変わる。変えられない人は何年やっても変えられない。10年やって変えることができなかったものを、同じ人がそれ以上やって変えられないのは当然だ。

しかし、政治は理念で動くほど甘くはない。

年老いた男性がまたしても道を塞ぐことが十分に考えられる。

5

議員の仕事

真実を見極めるのに、イデオロギーはいらない

◎予算ありきの政策的提言

議員になって以来、僕の生活はガラリと変わった。

頭のスイッチは365日、常にオンの状態で夜中に考え事で目覚めることも度々ある。

先日、「議員って普段何をしているのですか?」と友人に聞かれ、そのあまりに唐突な質問に一瞬戸惑う自分がいたが、当選以来時間を見つけては勉強をしてきた。

「僕に4年間という時間を与えてくれたなら、お金（税金）がどのように使われているのかを皆さんにきちんと説明できるようになる」と選挙の時、市民に約束した。

なんだかんだ言っても、政治はお金をどう動かすのかが大きい。

「財源はどうするのだ?」といういつもの問いにきちんと答えられる政治家でありたい。

まずは過去30年度分の秦野市の財政データを洗い出し、徹底的に分析した。具体的には、歳入や歳出など様々な財政データを一覧表に埋めていく作業を手書きで行った。参考書を片手に空いた時間を見つけては勉強（作業）するという生活を半年ぐらい続けた。この作業のおかげで億単位の金銭感覚が身につき、秦野市の財政事情が手に取るようにわかるようになった。

それだけである。

40歳を超えてからの新しい挑戦は純粋に楽しく、確かに自分の人生の中で一番勉強した時期だったかもしれない。しかし、ここで伝えたいのは、たったこれだけの努力で、あなたは議員の中で間違いなく指折りの「財政通」になれるということだ。

議員というのは、僕たちの知らない、何か到底理解できないような難しいことを話す先生だと思われている節がある。しかし、実際はそうではなかった。少なくとも財政に関しては、ほとんどの先生方は難しいものだと諦め、理解しようとする努力すらしていない。

もちろん財政の知識がすべてではない。

しかし、政治家になった以上、夢物語を語るのではなく、現実的でなければならない。「理想を追い求める現実主義者」でなければならない。

ある意味、この世界に財政から入ったというのは正解だった。なぜなら「予算ありきの政策的提言」でないと意味がないし、お金の話のできない政治家の話に説得力などない。

◎「NO」と言えない秦野市議会

戦後半世紀以上続いた中央集権下の地方自治体は、国が政策を決め、地方が実行する。知事や市区町村長は各省大臣の地方機関（部下）という位置づけだった。しかし、2000年4月の地方分権一括法の施行により、国の事務を委任する機関委任事務制度は全廃され、自己決定領域が飛躍的に拡大した。地方分権時代の到来である。

首長と議員がそれぞれ別々の選挙で選ばれる二元代表制では、基本的に議会はチェック機関としての野党的機能が期待される中、秦野市議会では過去4年間、市長提出議案に対しての再議や修正は一度もなし。

相撲で言ったら「物言いなし」の状態。「NO」と言えない秦野市議会なのである。

これでは期待されている野党的機能は、ほぼ果たされていないと言える。

日本の自治体では、首長の支持勢力として地方議会がオール与党化している場合が多い。また、「口利き政治」をもっぱら得意とする議員は常に与党会派に所属する傾向がある。議員として有権者から託された約束（口利き）を実現するためには、首長の支持勢力になるほうが何かと便利だと考えている議員が多いからだ。彼らは議会に提出される議案には、基本的に反対しない。だから地方議会では執行部（行政側）が提案する議案のほぼすべてが無傷のまま可決されてしまう。

彼らに議員としての存在価値はない。賛成の理由すら述べずに、黙って「いいね」のボタンをクリックしているようなもので、ただの頭数の役割しか果たしていない。

「この事業になぜ賛成なのか。ここ（壇上）に立ってきちんと説明できる人、何人いますか？」。令和2年9月定例会での僕の発言の一部である。

表現（発言）することなしに自分が何をわかっているのかを理解することは難しい。アウトプットすることで、自分が何を学んだのか、何に理解を示しているのかが明確になる。表現する過程の「あーでもない、こーでもない」が次の経験における学習能力を高めてくれる。

理由も述べずに黙って賛成するのは簡単で、そういう状態が長年続けば「思考停止」に陥るのは当然だ。

◎あるベテラン議員の一言

つい先日の委員会での話。

僕の発言に「長い」とベテラン議員からの野次が飛び、発言が阻まれる場面があった。それに対し、「自治会の話し合いでもあるまいし、『長い』という個人的な感覚で発言が打ち切られてしまう、その根拠を示してほしい」と反論した。すぐさま別のベテラン議員が、理由は「慣例に反するからだ」と言い出す。これまでにこのようなケースでは、誰も長く？（5分以下）意見を話してこなかったからだと言う（あの場面における制限時間の規則は一切なし）。

地方議会（おそらく政治の世界全般）では、時にこのようなロジックが通用してしまう。

そして、このベテラン議員発の同調圧力は、すぐさま議事進行役（審判役）の委員長にまで及び、僕の発言にストップがかかったのだ。

そうではなく、真摯な議論を展開することが我々の仕事だ。課題に対するメリットとデメリットを明らかにした上でとことん話し合う。矛盾や疑問、他の選択肢の可能性などの指摘に的確に答えられるかどうかで、案の良否が判断される。的確に答えられず、納得が得られないなら、その案には欠陥があるはずだ。そうであるなら、修正なり撤回をしなければならない。

しかし、実際には「もういい加減にしろ」という感じで議論は一気に打ち切られてしまうのが現状である。

これが「彼らの常識」（「シルバー民主主義」参照）、これが日本政治の「負」の最前線。

我々はどうして年間762万円もの税金を使って、議論をしない（できない？）議員をわざわざ雇わなければならないのか。彼らがいなくならない限り、日本の政治は決してよくはならない。

◎考える力のない議会

秦野市議会では過去4年間、議員提出議案のうち政策的提言は一件もなし。簡単に言うと、一度たりとも自分たちで政策や条例を作ったことがないということである。

以前は国が政策を決め、地方はそれを実行する。それだけでよかった。しかし、先ほども述べたように2000年4月の地方分権一括法以後の地方分権の推進は、「成功する自由」と「失敗する自由」を併せ持つ。

国の指示がない限り、何の創意工夫もしない自治体と、持てる力を使って新たな政策を生み出そうとする自治体では、いずれそれが大きな「差」となって表れるだろう。仮に前者のような自治体を「思考停止自治体」というなら、その被害を被るのは、もちろんそこに住む地域住民である。

「データが示す通り、秦野市議会ではチェック（監視）が甘くて、提案（立法）もしていないのだから、市民に『仕事をしていない』と思われてもしょうがない。右から左にただスルーして、自らが考える力のない議会になっている」と無所属の新人議員が発言すると議会は炎上する。

◎議員の実力

僕たち議員がとことん話し合い、地域の課題を広く住民に明らかにするのなら議会の存在価値は高い。しかし、現在の議会は「議論の場」ではなく「儀式の場」になってしまっている。

原因は、議員が実力不足（勉強不足）なために、行政の手のひらの上で踊らされているからだ。行政側が出してくる情報を鵜呑みにし、自力で深く切り込めないために、問題の本質まで辿り着けない現状がある。

つまり、政治がまったく機能していないのだ。

僕には政治的なイデオロギーはない。自分が右か左か、保守か革新かを意識したことすらあまりない。目の前の課題や政策に対して、真実を追求する修行僧（サムライ）のような覚悟でこの仕事をやっているだけだ。

真実を見極めるのに、イデオロギーはいらない。

１９７０年代の安保闘争の時代など、イデオロギーが国を動かす大きな力になった時もあったのかもしれない。しかし、その名残を引きずって、保守だ革新だとかやっている今の政治を僕はくだらないと思っている。

崇高なイデオロギーを掲げても、目の前にある課題にピントの合っていない議論を繰り広げるのであれば、意味がないからだ。イデオロギーは、時として真実を見誤るフィルターのような役割を果たす。

この1年半、秦野市議会を見てきて思うのは、既に基本的な対立構図ができあがってしまっているということ。「何も言わない賛成派」と「基本的に反対派」が、いがみ合いのプレイを続けている。反対派の人たちも、負け続けてきたことによる弊害（負け癖）で、常に反対するという自分のポジションを作り上げてしまっている。

つまり「本気で現実を変えたい」とは思っていないのだ。もしくはシルバー民主主義。「かつてはそう思っていた」という話なのだ。結局はポジショントークをしているに過ぎない。

政治に冷める瞬間である。


「複雑な現実世界において本質を見抜けているのか」

「発言の内容が議論の的を射ているのか」

「問題をどうやって炙り出すのか」


これが議員としての実力だ。

そのために我々議員は自分の見解を常に研ぎ澄ます努力を怠ってはならない。我々は今どういう時代に生き、問題の本質はどこにあるのか。答えに正解はなくとも、真実をあくまで探究する覚悟が必要だ。

今後は大局観のない政治家は、ますますいらなくなる。
他のことはＡＩ（人工知能）で代替可能だからである。

6

リスペクト運動

話を聞いてもらいたければ、
まずは相手の話を聞く

◎続々と立候補して、地方議会へなだれ込む

「僕はリスペクト秦野を作るから、ｙｏｕはリスペクト舞鶴、ｙｏｕはリスペクト熊本、ｙｏｕはリスペクト世田谷を作ってくれ」と、全国津々浦々の人たちに呼びかけている。

声をかけているのはフリーランス、自営業者、専業主婦など現在の仕事を続けながらでも議員としての活動ができる人。昨今の自由な働き方を考えると、会社員を続けながらでも兼業できる人は多いのではないか。（新型コロナウイルスの影響もありテレワーク、ジョブ型雇用など新しい働き方が注目されている。正社員でありながら兼業を認めている会社も増えているようだ）

最初の章でも述べたように、議員個人としての年間の「公務」はたったの38日である。

【秦野市議会の場合（令和元年度）】

個人35日（本会議23日、常任委員会４日、予算決算常任委員会２日、議員連絡会６日）

所管事務調査3日（秦野市議会の場合2泊3日）

議会活動以外の仕事（資料作りや勉強など）は、現在の仕事のやり方を工夫するなど、時間を作り出せばよい。フリーランスなら仕事量だってある程度は調節可能であろう。

議員の「兼業あり」については、あまり知られていない。

秦野市議会議員の中には大手企業の正社員、自営業者、農家など、実際に兼業で議員をやっている人も多い。しかし、彼らは既にこれまでも議会へ人を送り込んできた企業の労働組合、地元の青年会議所、商工会議所、政治団体などの代表である。

リスペクト運動ではもっと幅広く、一般市民の代表として普通のサラリーマン、デザイナー、管理栄養士、SE、移住者など、議員の新たな「なり手」を探している。

とにかく今の地元有力者を中心とする「偏った」議員構成を変えなければならない。

政治家は人間力、総合力が問われる職業だ。小さい頃から政治家を目指して政治家になるのもひとつの道。しかし、専門的な訓練など受けなくても十分に地方議員としてやっていける。

むしろ複雑化する現代社会においては、もっと多様な人間が政治に関わるべきだ。

また、「シルバー民主主義」の章でも述べたが、議員の高齢化の問題もある。

今の40代後半から30代後半までのロストジェネレーション（注10）と言われる世代もしくはそれ以降の世代が、全国各地で続々と立候補して、地方議会へなだれ込む。それが今の政治を変える一番の近道、唯一の方法かもしれない。

ローカルからグローバルへ。

地方議会が変われば、国の政治も変わる。

秦野市議会では最低2名以上の議員がいないと会派を組むことができない。（一人会派を認めている他市の議会もあるようだ）完全無所属ピンの僕はリスペクト秦野という会派をいまだ正式に発足できずにいる。現在は次（2023年）の選挙戦をにらみ、市内在住者で立候補者を募集中。同時に全国一斉にこの運動の横展開を目指す。

人々の反応は悪くない。既に立候補に向けて動き出している者も数名いる。

◎リスペクトの有無は確実に相手に伝わる

僕が10年間のブラジル生活で学んだこと。それは「自分がリスペクトされたければ、まずは相手をリスペクトすること」。逆に、「相手が自分をリスペクトしないのなら、自分も相手をリスペクトしない」という「目には目を、歯には歯を」的な発想がリアルでいかにもブラジルらしい。ファベーラ（スラム街）では、このリスペクトの有無が時に命に関わる問題にも発展する。

写真家としてこれまでに世界各国いろいろなコミュニティで写真を撮ってきた。ボリビアの山岳民族、アマゾンに暮らす少数民族、リオ・デ・ジャネイロのギャングなど、どこへ行っても現地人といい関係を築けない限り、「よそ者」はその土地ではやっていけない。その際に重要になるのがリスペクトの精神だ。言語が通じようが通じまいが、リスペクトの有無は確実に相手に伝わる。

日本のローカル議会は、「よそ者」が極端に少ない、純度の高いコミュニティである。

同じ日本人だからといってそれに甘え油断してはならない。同じ日本人、同じ一般市民といえども本当にさまざまな考えや意見があることをこの仕事を通して学んだ。

「自分とは違う意見にどう耳を傾け、どう向き合うのか」が問われている。

この1年半、この世界でやってきて思うのは、リスペクトの精神が今の政治には根本的に欠けているということだ。

自分の話を聞いてもらいたければ、まずは相手の話を聞くこと。

そんな当たり前のことができる人、それがリスペクト運動で求める唯一の人物像だ。

◎地方から変えていくことのメリット

①結果を出しやすい

人間は誰でもやる前から負けるとわかっていたら、正直「やる気」はなくなるものだ。

まずは小さな成功体験を積み上げていくことがリスペクト運動を持続可能なものにする。

地方選挙と国政選挙では、その規模も競争相手も供託金もおそらくプレッシャーも相当に違う。

【2019年秦野市議会議員選挙】
競　争　倍　率：1・17倍
最下位当選者の得票数：1、559票

あなたが当選するために最低何票必要かはその時の選挙の競争倍率、投票率、有権者数によって当然変わる。神奈川県内他市の状況を見ると、人口が50万人以上の政令指定都市であれば最低4、000票～5、000票（横浜市は規模が大きいので別格）、一般市なら最低1、000票～1、500票は必要だ。しかし、これはあくまでひとつの目安にしか過ぎず、実際は各市町村、各選挙でバラバラなので、まずはあなたの住む街の過去の選挙の結果を調べてみてほしい。

僕にとって秦野市は同級生も仕事仲間も知り合いもほぼいない完全アウェーの地だった。選挙前に僕のことを知っていた秦野市民はおそらく30人もいなかったのではないだろうか。

無所属新人、伊藤大輔の得票数は1、617票。24議席中、22番目の当選だった。

しかし、あなたの場合はどうだろうか。

例えば今住んでいる場所が地元で、仕事や子育てをしたり、小中学校を普通に卒業していれば、それだけで一定数の知り合いはいるのではないか。その上で選挙活動をして、あなたの「志」を市民に伝えることができる。ライバルの平均年齢は66・2歳と高齢で、あなたが「若い」というだけで差別化が図れる。競争相手の多くはSNSを使った選挙活動すら行なっていないかもしれない。

僕は選挙仕掛け人でも占い師でも詐欺師でもないが、競争倍率1・17倍の試験なんてこれまでの人生で受けてきたどの試験よりも倍率は低い。地方政治は完全なブルーオーシャン（青い海、競争のない未開拓市場）だと言える。


一般の市町村議会議員選挙は、自治体の区域全体をひとつの選挙区として議員全員を選ぶ大選挙区制である。定数は例えば人口20万人ほどの市で30人程度、40万人ほどの市であれば40人程度となる。ひとつの選挙区から30人も40人も選ぶとなると、当選するのにさほど多くの票を得る必要はない。大選挙区制のもとでは、ある特定の企業や地域などある程度まとまった組織票を得られれば比較的容易に当選することができる。

また、そうやって出てきた議員は市民全体の利益よりも特定の「部分益」のほうに目を向けがちになる。これが議員の「口利き」の温床にもなる。大選挙区制のもとでは、例え10人のうち9人に嫌われたとしても、残りの一人を「口利き」などでしっかりとつなぎとめておけば当選することができてしまう。長年その地域でドブ板選挙(注11)をしてきた候補者を破るのはそう簡単であるとは言えない。

実際に選挙に出て感じたのは、どの候補者も選挙の時は「必死」だということ。自分のポジションは死守したいのだ。こういう時の人間の生存本能(サバイバル本能)はすごい。当たり前である。この選挙に敗れれば、候補者の多くはただの無職の高齢者。「先生」とは誰からも呼ばれなくなってしまう。

しかし、あなたが若く「志」があるならば可能性は十分にある。現在の秦野市議会では20年以上議員をやっている人が7名もいる。そろそろ代変わりをしなければと考えるのが普通だし、別の選択肢(新しい候補者)を待ち望んでいる有権者も多いはずだ。とにかく秦野市のような一般市であれば1、500票前後を集めれば当選できるのだ。

もちろん選挙にはその時の「風」があり、結果を予測することは不可能である。しかし、たとえ落選したとしても、競争倍率1・17倍の選挙においてあなたが立候補することは今の世の中を1ミリでもよくするための行動である。

②無理なくはじめられる

参議院選挙	600万円
衆議院選挙	300万円
市議会議員選挙	30万円

選挙によって供託金（出場料）がこれだけ違うのだ。選挙に出るのに600万円もの納付をすることができるのは、ごく一部の限られた人たちだ。国政選挙だと供託金だけで候補者が絞られてしまう。

しかし、30万円ならどうだろうか。

また、選挙活動で負担となるのが選挙ポスター貼り。秦野市議会議員選挙の場合、選挙ポスターの掲示場が269箇所。10人もいれば作業を終わらせることができる。しかし、これが国政選挙となると掲示場も1、000を超え、政党や支援団体など後ろ盾となるような組織がなければ選挙ポスターをすべて貼り終えることすら困難であろう。

その他にも注目度、競争相手のレベル、精神的負担などを考えると、まずはローカル選挙からはじめるのが現実的だ。

一般市民がスタートラインに立つことすら難しいのが国政選挙であるのに対して、無理なくはじめられるのが地方選挙である。

③本当のボトムアップが実現できる

政治に無関心な層を動かすには、自分とは直接関係のない壮大な政策よりも彼らの生活に直結するごく身近なテーマで引きつけるほうが効果的である。「日本の財政赤字」よりも「保育料の値上げ」、「外交問題」よりも「地域振興券」など地域レベルの話のほうが市民にとってはよりリアルで関心のあるテーマとなる。

◎イタリアの五つ星運動

前例はすでにある。

このようにボトムアップで地方から政治を変えようとはじまったのがイタリアの五つ星運動である。２００９年に69歳の元コメディアンがたったの２人ではじめた政治運動だ。地方から小規模にはじまり、その後政界に進出、２０１３年の総選挙では第二党にまで躍り出た。２０１４年には欧州議会に出馬。２０１６年には同党から２人の市長が誕生し、なんとたったの９年で政権をとってしまった。２０２０年には議員定数削減の是非を問う国民投票を実現させ、賛成70％、反対30％の賛成多数で可決された。

これにより次回の総選挙から上下両院の議員定数は、３分の１以上削減（下院が現在の６３０から４００、上院は３１５から２００に削減）される。議員定数削減は、２０１８年に政治の腐敗を批判して与党となった五つ星運動の目玉政策のひとつで、政府は年間で

1億ユーロ（約120億円）の予算削減を見込んでいるそうだ。すごい話である。

小さな成功も少しずつ草の根的に積み上げていけば、それがやがて広がって国全体をも動かす力になることを五つ星運動は示している。もちろんイタリアと日本ではその国民性も経済状態もまたその時の政府への不信感も違うだろう。しかし、良き前例からは積極的に学ぶべきだ。

五つ星運動はその「やり方」も素晴らしい。

SNSやネットを有効に使い、選挙資金は専用アプリで少額の寄付をたくさん集め、オンラインから誰でも気軽に立候補できる。また「ルッソ」というアプリですべての政策を公開し、党員がスマホやタブレットから行うメール投票で党のマニフェストを決めていく。議員が出した法案についても「シェアリング」というアプリで、その内容について市民が自由に意見を交わすことができる。そして、ネット上の議論の中からまた新しい提案が誕生し、そのたびに法案がどんどん進化していく。

一人一人を決定に参加させることで当事者意識をもたせるのだ。

僕がそうであったように、当事者意識は人を動かす。

◎リスペクト運動の理念

①自分たちのことは自分たちで決める

政治家になるためのプロは要らない。特定の企業や政党から寄付を受ければ、彼らが議員をコントロールする。反対に市民に支えられれば、市民が議員をコントロールする。

リスペクト運動が目指すのは、政治家が一般市民によってコントロールされる政治だ。

②多選の禁止

閉じられた空間で長い間、同じようなメンバーでやっているといつの間にか「彼らの常識」ができあがってしまう。そして「世間の常識」とのズレは、時間の経過と共に大きくなっていく。変わる時には1年目から変わる。変えられない人は何年やっても変えられない。10年やって変えることができなかったものを、同じ人がそれ以上やって変えられないのは当然だ。
議員の任期は1人3期（12年）まで。

③議員報酬は「格差」を少なく

都道府県議会議員の報酬を「1」とした場合、市議会議員「0・5」、町村議会議員「0・25」である（P20資料3参照）。都道府県議会議員と町村議会議員では約4倍の報酬格差があり、町村議会議員の平均報酬月額は20万円余り。これでは議員専業で生活していくのは難しい。反対に都道府県議会議員の平均報酬月額は約80万円。この格差はあまりにも大きすぎる。人口の多い少ないにかかわらず、その果たすべき責務は同じはずである。

この報酬格差を次のように改めたらどうだろうか。

町村議会議員	35万円
市議会議員	45万円
政令指定都市議会議員	55万円

都道府県議会議員　65万円

資料7は2019年統一地方選挙における改選定数に占める無投票当選者数の割合である。町村議会議員と都道府県議会議員での無投票当選者が目立つ。都道府県議会議員の26・9％、町村議会議員の23・3％もが無投票で当選しているのだ。

2019年神奈川県議会議員選挙では、応募者の希望は横浜市や川崎市などの市議に集中し、選挙区が同じ地域でも県議は「人気」がなかった。これは県議よりも市議のほうが定数も多く、当選のハードルも低く、権限もそれなりに強い政令市議を目指す人が多くなってきている現状を示している。議員報酬は都道府県議とほぼ同等（横浜市）のところもある。

【平均報酬月額】
神奈川県議会議員　97万円
横浜市議会議員　95・3万円

資料7

2019年統一地方選挙における改選定数に占める無投票当選者数の割合の推移

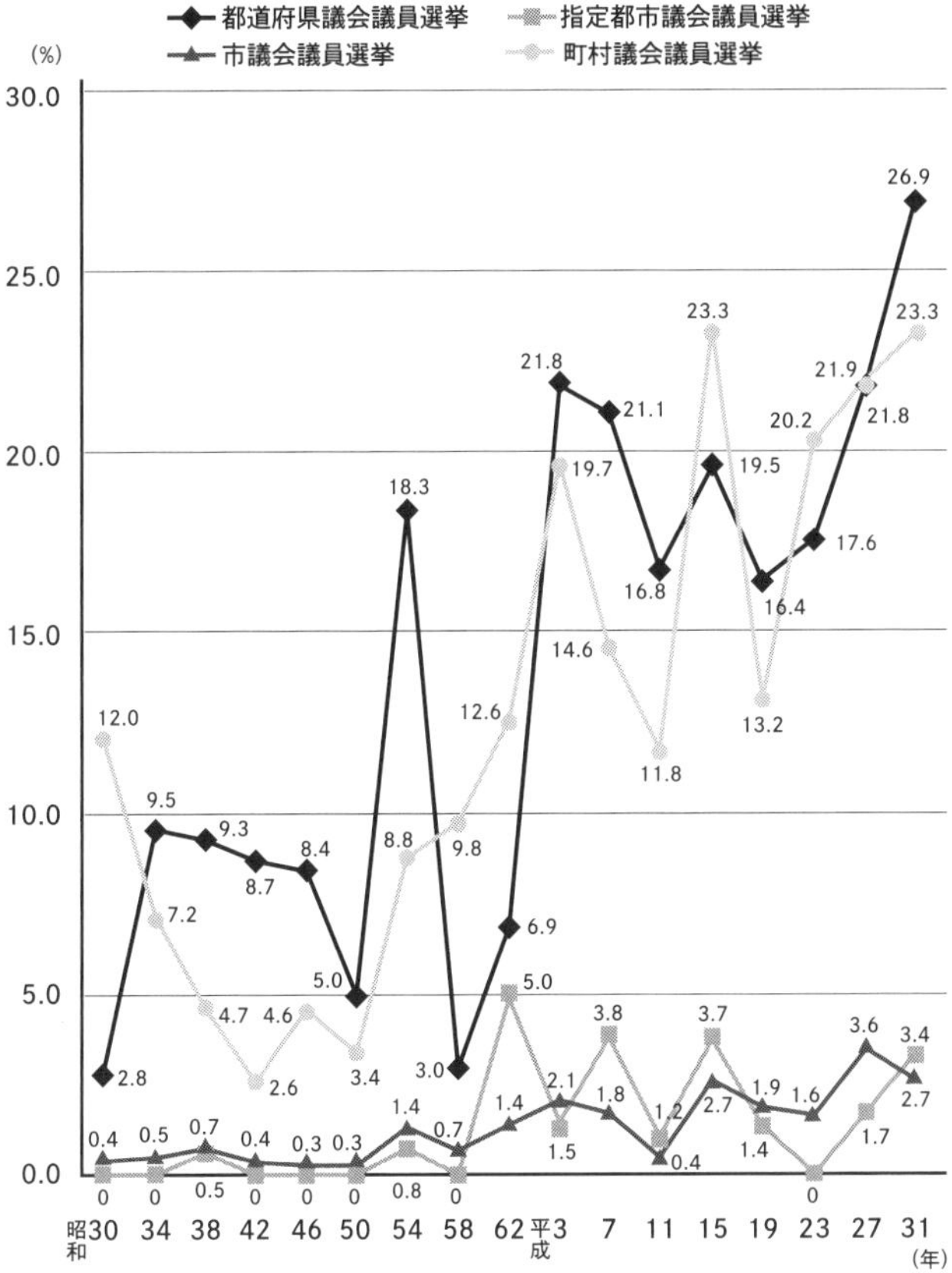

出典：総務省「地方議会・議員のあり方に関する研究会（第4回）」資料

一方、町村議会議員の「人気」のなさの最大の要因は、議員報酬（待遇）であると言わざるを得ない。

経済が右肩上がりの時代は終わり、平成には様々な無駄を省く「改革」が行われた。なかでも公務員の給与や待遇などは真っ先にやり玉にあがった。議員報酬もその例外ではなく、地方議員を対象とした「地方議員年金」は、２０１０年に廃止された。厚生年金に加入している若いサラリーマンなどにとっては、国民年金である地方議員となることに魅力を感じていないことから、若い人たちが立候補を避ける要因にもなっているという指摘もある。

現在の地方議会の最大の懸念は、議員の「なり手」不足である。

２０１９年の統一地方選挙では、道府県議会議員、町村議会議員ともに無投票で当選した人の割合が、過去最高となった。

④政治活動はもっと普通に、淡々と！

政治家というと、「皆様のために命をかけて頑張らせていただきます」と深々と頭を下げ、駅前などで演説をしている姿を思い浮かべる方も多いだろう。

しかし、僕にはあの姿がどうしてもある種の「懺悔」のようにしか見えない。（本人は自覚しているのかどうかわからないが）あの悲壮感が政治を何か特別なもの、大変なもの、重いもの、自分には到底できないものとして一般市民から遠ざけてしまっているのではないか。

もっと普通に、淡々と政治活動がしたいものである。

■注10

経済が右肩上がりで比較的苦労せず大企業に就職することができた世代（団塊の世代やバブル世代など）がいる一方で、不況時に就職活動期を迎え、大学を卒業しても就職することができない世代（ロストジェネレーション世代など）もあり、世代間競争の最たる例と言える。

また、後者はその後、経済が回復しても正規社員として採用されず、非正規雇用やフリーターとなりワーキングプアに陥っている現状がある。

■注11

ドブ板選挙とは、候補者や運動員が有権者に会うために民家を一軒一軒回る選挙活動のこと。現在、公職選挙法では戸別訪問は禁止されている。

7

ビジョン

「こどもの国はだの」

◎本質を見抜き、単純化してとらえる

全国どこの自治体も10年ごとに「総合計画案」（大体は分厚い冊子）を作成している（注12）。計画案というぐらいのものなので、今後の市政の方向性やビジョンが書かれている。しかし、この「分厚い」ということがすでに問題である。「あれもやります」「これもやります」と総花的に書くから分厚くなるのだ。

「議員の仕事」でも述べたように、2000年の地方分権一括法以前は、国が政策を決め、地方が実行する。そういう図式だった。また、地方自治体の首長は、各省大臣の部下という位置付けだった。その名残を存分に残しているのが、今の一般的、標準的な地方自治体の首長の姿だと言える。（福岡市の高島市長、大阪府の吉村知事、千葉市の熊谷市長、北海道の鈴木知事、日南市の崎田市長など一部の若い首長を除く）

「物事をはっきり決めない」というのが彼らのスタイルなのだ。

しかし、案を作った本人は「選択」と「集中」の結果だと最後まで主張を変えないであろう。彼らの基準はいつも過去や他の自治体の事例に置かれ、「過去と比べると」（前例主義）、「近隣他市と比べると」（横並び主義）よく頑張ったという話になって、あとはいくらこちらが声を荒げようが話は平行線となる。

「ビジョンはシンプルなものでなければならない」

複雑な現実世界において本質を見抜き、単純化してとらえる。単純化できないのは、本質を見抜けていないから。ビジョンは迷った時にいつでも立ち返ることのできるもの。誰でもいつでも口ずさむことのできるもの。市民と共有できるものでなければならない。

ちなみに今回（2021年〜2030年）の秦野市新総合計画案で掲げるトップビジョン（都市像）は、「水とみどりに育まれ誰もが輝く暮らしよい都市《まち》」である。

よくオールドタイプの政治家や行政マンが好んで使う言葉に「魅力あふれる」「安心、

安全」「誰もが輝く」などがある。街角に貼られている政治家の看板や選挙ポスター等でもよく見かけるフレーズである。

しかし、これらのフレーズから具体的に何かをイメージしたり、元気づけられたりすることがあっただろうか。答えに窮した時や結論のない話を締める時など、使い勝手が良いために使い古された表現である。曖昧で何も語っていないから言葉にリアリティがないのだ。

ぜひ、あなたの街のビジョンもチェックしてもらいたい。

では、どうすれば単純明快なビジョンを導き出せるのか。

「3つの円」の話を参考に、具体的に秦野市の例を見ながら話を進めていきたい。

資料8を見てください。前提としてふたつ。

①この話は、飛躍を遂げた企業や組織にはある共通点があって、それはどこも単純明快なビジョンを持っていた。さらに言うと、この「3つの円」、「3つの要素」の交わる部分

資料8

3つの円

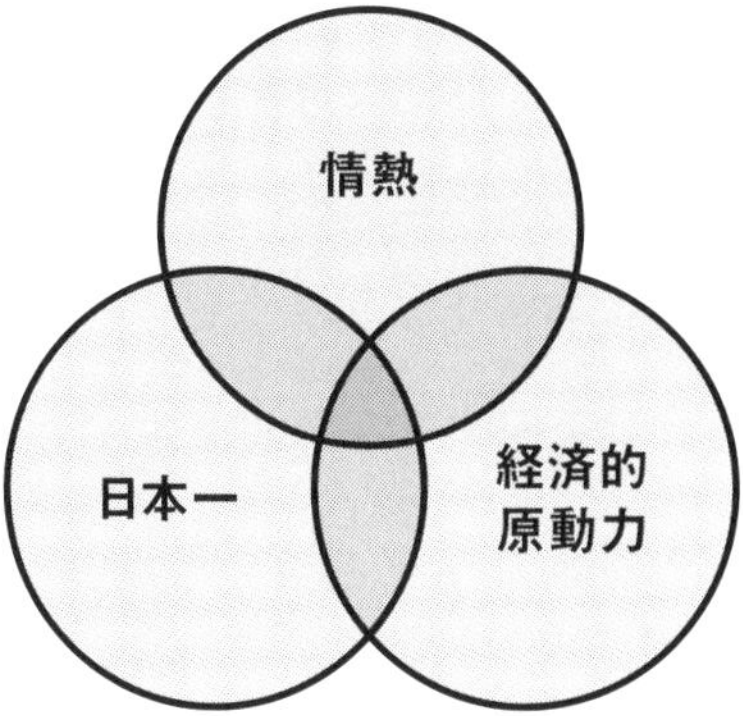

のビジョンを持っていたというジム・コリンズ氏(『ビジョナリー・カンパニー2』の著者)の一説に基づくものである。

②官と民の話は別だ。総合計画案(ビジョン)が総花的になるのはしょうがない。「官とはこういうものだ」というある種の開き直りはあまり意味がない。これは組織として飛躍を遂げるための法則。たしかに民間のようにある事業を切り捨て、「選択」と「集中」を強引に押し進めることはできない。しかし、秦野市の予算でいえば年間数十億円程度の本当に自由に使える財源は存在するので

あって、民間との違いは、この「選択」と「集中」の度合いの問題である。もちろん、だからといって我々のビジョンが総花的であっていいはずがない。組織である以上、皆と共有できる単純明快なビジョンが飛躍を遂げるためには必要不可欠である。

◎3つの円①「日本一」になれる部分

以前、「秦野市の最大の強み（日本一になれる部分）はなにか？」と総合政策課に問い合わせたところ、その答えは左記であった。

①水と緑
②小田急、東名、新東名の交通インフラ、首都圏から1時間の交通利便性

「最大の強み」を考える際に、同様に重要なのが「日本一になれない部分」「並の部分」はどこかをきちんと把握することであるとジム・コリンズ氏は説いている。「並の部分」に振り回されずに、日本一になれる可能性のあるものに最大限の投資をしていく。それが

本当の意味での「選択」と「集中」だ。

例えば秦野市の戸川土地区画整理事業は、新東名高速道路沿いの「利便性」を生かした企業誘致である。しかし、この分野における激しい都市間競争に勝ち抜き、日本一になれるような本市独自の強みやポテンシャルは本当にあるのか。新東名高速道路だけではなく、圏央道も接続する近隣他市のほうが、「利便性」という点では「上」ではないのか。我々は身を切ってまで（4年間の課税免除）、競争の激しいこの分野にわざわざ飛び込んでいく必要性が本当にあるのか。本来、このような具体的な議論があって然るべきだ。（「付録」参照）

◎「よそ者」の視点がないとローカルの良さはわからない

それでは秦野市にとって、日本一となれるようなポテンシャルのあることやものはなにか。幸いにも秦野市には、すでに日本一の称号を得ている秦野名水がある。（2016年環境省主催の名水百選選抜総選挙「おいしさが素晴らしい名水部門」全国第一位）この天然資源を生かさない手はない。

しかし、コンテストで優勝したとはいえ、全国的にも名高い名水は、長野県安曇野や熊本県阿蘇の水など他にもある。もちろん、秦野名水はそれらと同格。しかも都心から1時間。

秦野名水×都心から1時間

この掛け合わせ、「都心から1時間の距離で、全国的にも名高い名水が手に入ること」が、秦野市にとっての「最大の強み」なのではないか。

日本一になれる可能性のあるものは、今、最重要課題だと考えていることにはないのかもしれない。もしかしたら、いまだに従事していない事業の中に埋もれているのかもしれない。案外、身近なものにあるのかもしれない。

僕の経験からすると、その土地に長くいる者が、その土地の「価値」を自覚しているケースは稀だ。「よそ者」の視点がないとローカルの良さはわからない。

◎3つの円②「情熱」をもって取り組めるもの

「上司に『仕事にもっと情熱を持つべきだ』と言われたとしても、人は簡単に情熱など持てるものではない。情熱が持てないのは選択自体が間違っているから。自然と情熱が持てるようなことを選ぶべきだ」と氏は説いている。

秦野市の「大手飲料メーカー進出案」は、市民の情熱（プライド）を刺激する「秦野名水」に関するものだった。「3つの円」のうちのふたつ（①日本一②情熱）は、条件をクリアするものだった。ただし、3つ目の経済的原動力という点で「?」だったので、僕は反対したのだ。（「付録」参照）

◎3つの円③「経済的原動力」になるもの

「飛躍した企業はいずれも、経済的原動力を強化するカギとなる『財務指標の分母』を持っていた。例えば自社の『X当たりの利益』（非営利事業なら『X当たりの年間予算』）をたったひとつ、基準になる財務指標として採用し、これを長期にわたって一貫して上昇させている」と氏は述べている。

「執行あって、経営なし」とも言われている地方自治体は、果たして「X」に何を選ぶべきなのか。僕の答えは「財政力指数」である。

資料9を見てください。財政力指数は、基準財政収入額を基準財政需要額（注13）で除した数値（通常は過去3か年の平均値）で求められる。財政力指数が「1」を上回れば国からの補助金である普通交付税交付金が支給されない不交付団体となり、それはつまり国からの「自立」を意味する。2020年度の国の当初予算（一般会計歳出総額102・7兆円）に占める地方交付税交付金は15・8兆円。地方が「自立」すれば、国の財政が良くな

資料9

$$\text{財政力指数} = \frac{\text{基準財政収入額}}{\text{基準財政需要額}}$$

るのは当然だ。

普通交付税交付金は、基準財政需要額と基準財政収入額の差額で求められ、地方間の格差をできるだけ少なくし、財源が不足する自治体でも最低限の行政サービスが行えるように制度化されたものである。

地方交付税法では、「地方自治の本旨の実現に資するとともに、地方団体の独立性を強化すること」を地方交付税制度の目的としていて、本来であれば地方自治や地方分権を保障していく観点から地方交付税額を決定する必要がある。

しかし、この制度は、「国が地方に代わって地方税を徴収する制度」でもあり、地方創生政策や公共施設再編、コンパクトシティ実現のための立地適正化計画案の作成など、国がトップダウンで進める政策を地方に浸透させていくために使われるという性格を併せ持つ。

国主導の政策方針に対し、国の基準をクリアする計画策定や施策実施する自治体には、地方交付税を上乗せ（地方交付税措置）することで、政策を進めることへのインセンティブをつけているのである。その結果、地方交付税制度が中央集権化の手段としても使われているのだ。

僕はこの国と地方の関係を、「いつまでたっても自立できない親子関係のようなものだ」と思っている。

地方税が少なく、地方交付税を確保することが財政運営上欠かせない小さな自治体のなかには、地方交付税を多く得るために、地方交付税措置のある国が用意した政策方針に乗っかり、まちづくりを進めざるを得ない自治体も存在する。

確かに歳入の半分以上を普通交付税に依存しているような自治体にとっては、財政力指数「1」は現実的な数字ではないが、ここ10年間「0・90」を保ってきた秦野市のような自治体にとっては決して無理な数字とは言えない。秦野市の財政力指数は、２００９年までは「1」を超えていた。わずか12年ほど前の話である。

◎ステロイド剤から漢方薬へ

今後はビジョンを支える具体的な財務指標（経済的原動力）として、財政力指数をその判断基準に据えるのはどうか。あらゆる政策の意思決定を行う際には、この図式（資料9）を思い返し、立ち止まって考える。そして、中・長期に渡り、この財政力指数を一貫して上昇させる方向で各政策を総合的に判断していく。

では、どうやったら財政力指数は上がるのか。答えは簡単である。分子（基準財政収入額）を増やして、分母（基準財政需要額）を減らせば、財政力指数は自ずと上がる。

次の具体的な3つの例（政策）で考えてみたい。

①学校の統廃合

基準財政需要額（分母）は、学校数、学級数、児童数ごとに細かく算出され、学校の統廃合は分母の減少を意味する。一方、基準財政収入額（分子）は、学校の統廃合では変わらない。

つまり、この政策では分母が減った分だけ財政力指数は上昇することになる。しかし、これはあくまで数字上の話。実際に学校を存続させるかどうかは総合的、政治的な判断になる。教育や福祉の問題など、数字を追求するあまり本末転倒になってはならない問題もある。

②戸川土地区画整理事業

公園、上下水道、都市計画道路を新たにつくって（分母増）、それ以上のリターン（分子増）が得られれば財政力指数は上昇する。バブル期に限らず1970年代以降の日本はずっとこのやり方でやってきた（注14）。しかし、フェーズは完全に変わった。

リターン、例えば民間の設備投資額は、バブル期のおよそ4分の1。闇雲に基準財政需要額（分母）を増やしても、基準財政収入額（分子）が自然と増える時代ではない。分母は増え続け、分子がマイナス（人口減による地方税収入の減少）では財政力指数は下がり続ける一方だ。

基本的にはこれ以上、パイ（分母）を増やすべきではない。もちろん46億円という巨額な初期投資のリスクもある。（「付録」参照）

③こどもの国はだの

ステロイド剤（ハード）から漢方薬（ソフト）への投資の転換。

まずは小規模にはじめる。小さな成功体験を少しずつ積み上げ、好循環を作り上げていく。

・秦野に来れば、少人数学級のオルタナティブ教育が公立学校で受けられる。（教育）
・秦野に来れば、安全安心な美味しいオーガニックな学校給食が食べられる。（食）
・秦野に来れば、自然を身近に感じられる市営住宅に住める。（住）
・秦野に来れば、里山など天然の地形を生かしたプレイパークで自由に遊べる。（遊び）

(1)教育

過疎化の進む上地区の上小学校（全校生徒約60人）に少人数であることを最大限に生かしたオルタナティブ教育（もうひとつの教育）を導入する。現在の公教育を決して否定することなく子どもたちにもうひとつの選択肢を用意する。現在の学校で不登校やいじめに悩む子どもたちにとって受け皿になる可能性もある。

親の経済力によってではなく、子どもの個性によって学校（教育内容）を選択できる。私立ではなく公立でオルタナティブ教育を実現させることに意味がある。

(2)食

低農薬、オーガニックな学校給食を地産地消で実現する。市が学校給食の食材を地元の農家から買い取るシステムの構築。（「農」の担い手不足の対策としても機能する）

まずは上小学校1日60食分であれば、（量的に）食材の調達も現実的なのではないか。「秦野に来れば、農業で生計を立てられる」となれば、「農」の担い手不足の問題も徐々に解消され、生産量（供給量）が増えれば他の小学校への低農薬、オーガニックな学校給食の実現も見えてくる。そういう好循環をつくり出したい。

(3)住

上地区にある空き家を利活用して、移住者の受け入れ体制を整える。空き家バンクは賃貸に回る物件が少ない上、あってもボロボロの空き家が多い。

そこで国の「地域優良賃貸住宅制度」による整備を公民連携（ＰＦＩ）(注15)で行い、上地区の豊かな自然と調和した新しいライフスタイルを提案できるような市営の住宅サービスをはじめる。(資料10)

(4)遊び

遊びの本質は「楽しさ」にある。「楽しいこと」と「危険であること」は、表裏一体の関係にある。大人が「危険」を恐れるあまり、子どもたちから「楽しさ」を奪う権利など我々にはない。

「テレビゲームに勝てるのは、もう火遊びぐらいしかない」と僕の友人は言っていた。

資料10

空き家を利活用した公民連携(PFI)による地域優良賃貸住宅整備事業のスキーム図

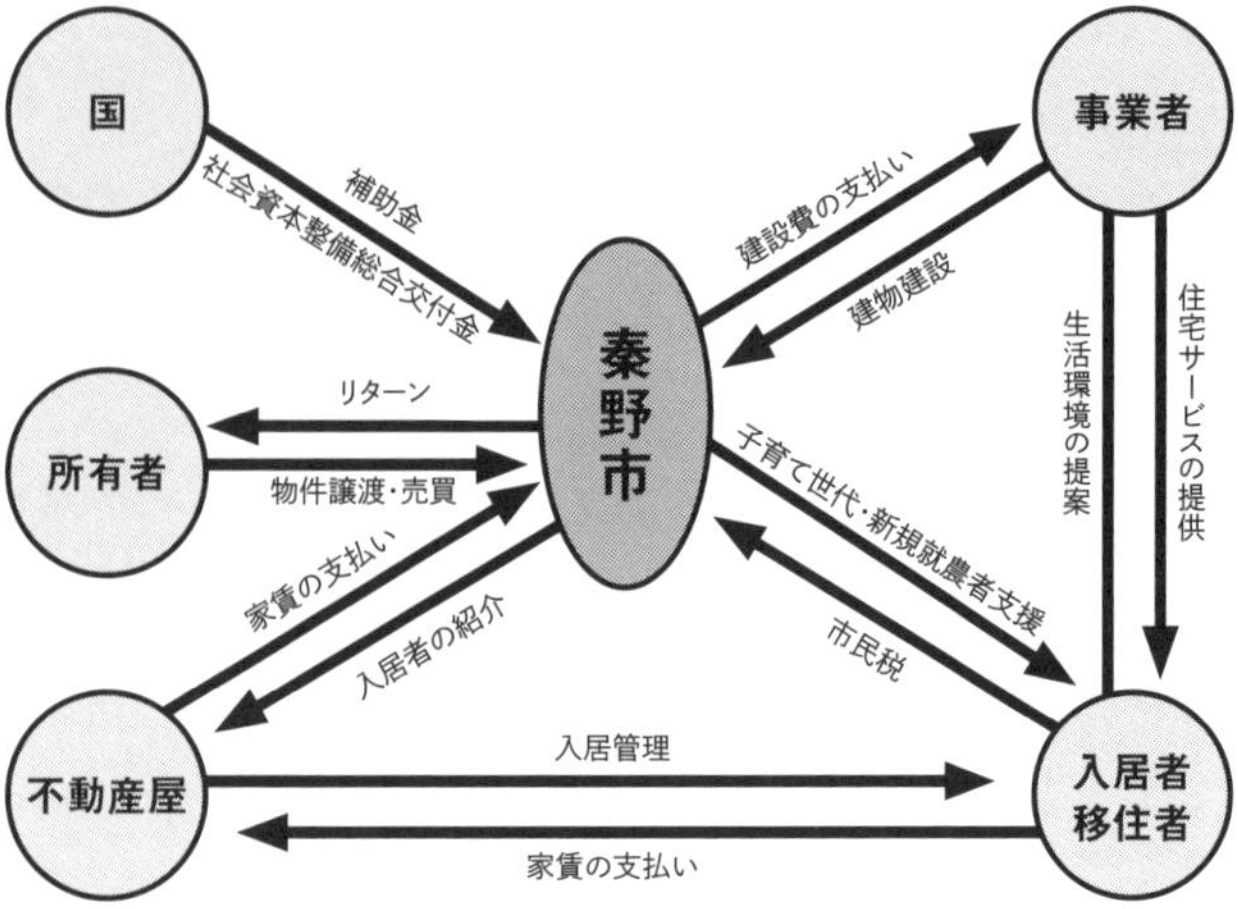

「地域優良賃貸住宅制度」による整備

入居者家賃+国の補助金のみで整備

実質財政負担ゼロ

社会資本整備総合交付金

①施設整備費の45%〜50%補助

②家賃低廉化補助(月額最大4万円)

③効果促進事業として空き家の解体費1/2補助

幸いにも秦野には里山がたくさんある。

しかし、最近では里山に人があまり入らなくなったので、鳥獣が里山にまで降りてきて田畑を荒らしている現状がある。そこで、里山の新しい活用方法として本市の「サワガニの里」のような天然の地形を生かしたプレイパークをつくる。

ここで、「こどもの国はだの」を原則（資料9）に照らし合わせて考えてみる。

（分母）増える要素は主に3つ

①移住者が増え、児童数、学級数が増える
②市営住宅
③プレイパーク

いずれもこれまでのようなハード事業による分母増と比べれば、その比でないことは明らかである。市営住宅は公民連携による空き家の利活用、プレイパークは天然の地形をそのまま生かした創設が前提なので、コストの面でも戸川土地区画整理事業（46億円）の10分の1程度の予算規模で十分ではないか。

（分子）子育て世帯の移住者が集まれば、徐々に確実に増えていく

「『こどもの国はだの』は分母の増加を極力抑えた、分子をより確実に少しずつ増やしていくことのできる政策である」と言える。

あとは、やり続ける。

2035年ぐらいを目処に、15年かけて財政力指数を「1」に回復させていくことが本市の持続可能な財政・発展へと繋がる。

時間はかかるかもしれない。しかし、秦野は都心から1時間、蛇口をひねれば日本一の名水が飲める。そんな環境での子育て「子どもの国はだの」を掲げれば、人は徐々に集まりはじめる。「子どもの国はだの」は移住政策であり、子育て政策であり、子どもを守る政策である。

子どもを守れない社会に持続可能性はない。

■注12

総合計画は基本構想については10年、基本計画については5年ごとに作成される。以前は地方自治法に計画を策定することが義務付けられていた。しかし、15年ほど前に法改正があり、策定義務は廃止された。つまり、現在は策定するかどうかの判断は各自治体の判断に任され、その必要性や効果を感じなければ、特に作成義務はない。

■注13

基準財政収入額は前年度の実績をもとに算定される一方で、基準財政需要額は実績とは別に机上の計算で算定された一般財源として必要な財政需要額を示すもの。

■注14

「土建国家モデル」は、自民党政治を象徴するもので、利益誘導型の公共事業への過剰依存は必要のない道路やダムやハコモノをつくることにつながり、財政赤字の拡大と国土をコンクリート化する弊害を生んだ。しかし、その一方で日本がこれまで比較的平等な「一億総中流社会」を実現することができたのは公共事業を通じた「土建国家モデル」と呼ばれる地方と低所得者への再配分の方法が存在していたからである。「土建国家モデル」は、１９７２年成立の田中角栄内閣以後に形づくられていったものだが、１９７６年に成立した福田赳夫内閣は公共事業の予算額を大幅に増額。欧州各国がソフト面を中心に福祉を拡充し、「福祉国家」化を進めていった一方、日本はハード中心、公共事業偏重の「土建国家」と化していった。

■注15

ＰＦＩとは、「Private Finance Initiative」の略。

公共施設の建設や運営などを民間企業の資金や経営能力、技術的能力を使って行う手法。

◉ 対談

田村 淳×伊藤大輔

地方議員に必要な力とは

田村 淳（たむら・あつし）
タレント。1973年、山口県生まれ。
1993年、ロンドンブーツ1号2号結成。
バラエティ番組や経済・情報番組などのレギュラー番組多数。
2019年にはYouTube「ロンブーチャンネル」を開設。
同年4月、慶応義塾大学大学院メディアデザイン研究科に入学。
2021年3月卒業。

「数の論理」にどう立ち向かう？

伊藤大輔（以下、伊藤）　ラジオ番組（文化放送「ロンドンブーツ1号2号 田村淳のNewsCLUB」）以来ですね。あのときはブラジルのスラム街の写真集（『ROMÂNTICO（ホマンチコ）』）の話をしたんですよね。

田村淳（以下、淳）　そうですね、覚えてますよ。

伊藤　あれからちょうど2年が経ちます。実はこの間にいろいろありまして。僕が議員になった理由は本文（「立候補」の章）に書いてあるとおりなんですが、今はとにかく写真家兼市議会議員として活動しています。

淳　きっかけは娘さんの通学路に工場ができるっていうところですよね。俺が聞きたいのは、ひとりの若くて意識と志のある人が、なあなあでやってきた旧体制の議会に飛び込んでみて、風穴を開けられている感ってあるんですか？　やっぱり日本の政治って「数の論理」じゃないですか。

伊藤　たしかに「数の論理」です。でもブラジルから帰ってきたフレッシュな勢いを議会に持ち込んで、たぶん向こうからしたらワケのわからない声の大きな奴が入ってきたなぁという感じだと思うんですけど（笑）。とにかく空気を読まずに「議長！　はい！　はい！」って手を挙げて発言するんです。そうするとそのうちに議会の中にもシンパというか応援してくれる諸先輩方もちらほらと出てくるようになって、昨年には市民からあがった「市に気候非常事態宣言を求める陳情」を議会で多数決で勝ち取りました。

淳　へ〜！

伊藤　僕も淳さんと考え方が同じで、国政よりも地方は変えやすいと思っているんです。現に僕でもすぐに議員になれましたし。完全よそ者ですよ？　生まれ故郷でもない妻の地元の街で。

「狙うなら首長がやりたいです」

淳　僕も政治にはずっと興味があって、タイミングが整って自分が出ないといけないと思えたら僕は立ち上がると思うんですけど、ただ今じゃないと思っていて。やりたいことが他にもたくさんあるし、「何をおいても政治家」という感じじゃないんですよ。だけど、もし自分が立ち上がるとしたら国政には絶対行かないです。なぜなら自分ひとりで行ったとしても力が発揮できないから。それはいろんな人の話を聞いて、そんな「数の論理」のところに自分が飛び込みたくないと思いました。一方、地方政治は、もちろん「数の論理」なんだけど、数を制覇しやすい。で、僕が目をつけたのは勝浦市というところで、16枠ある議席で17人しか立候補しなかったと。そんなもん落ちるほうが難しい。落ちるほうが難しいような選挙で政治家を選ぶことがそもそもおかしい。勝浦とは縁もゆかりもないけど「日本の政治を変えたい」と思う人をここに住まわせて、「ここから日本の政治のモデルケースを作ろう」と思ったんです。でも今の自分の使える時間と熱量ではなかなか動かせないなと。どうしても有志が必要だし、数が大事になってくるんで。ただ、今は熱量がある人が日本中に点在してる状況だと思うんで、そういう人を一箇所に集めて選挙に臨めば、まず市長になれるじゃないですか。

伊藤　おー、それはすごい。市長は権限が全然違いますからね。大統領みたいなもんですから。

淳　そうですよね。だから俺が狙うんだったら首長がやりたいです。

――おふたり、かなり近いことを考えてましたね。

淳　ですね。俺よりすごいのは伊藤さんはもう行動に移してるってこと。

伊藤　僕は1617票で当選したんですけど、競争倍率1・17倍の試験なんて僕がこれまでの人生で受けてきた試験のなかで一番簡単なんじゃないかと思ったんです。あと意外と知られてないのは「兼業アリ」ってことで、僕は写真家を続けながらこの仕事をしています。辞める必要はないんです。あと驚かれるのが秦野市議会議員の平均年齢は62歳なんです。民間ではちょっとあり得ない数字ですよね。

淳　俺は世代間の分断は起こしたくないとは思ってるんですけど、年齢が偏っていることは問題だとは思います。

伊藤　そうですね。人生100年時代と言われますし、高齢でもやる気がある元気な人には活躍の場を与えていくべきだと思います。でも議会中に議員が居眠りしているのを見かけたり、結局ローカル議会は「何も言わない賛成派」と「基本的に反対派」のふたつに分かれていて、役割分担されたポジショントークのようになってしまっている。でも、そうじゃないでしょって。ひとつの問題について議員はきちんと勉強して、メリット・デメリットをしっかり明確にした上で議論をしていく。新人議員だろうが本気で勉強すればここまでモノが言えるようになる。それを見せてやろうと思ってます。って、政治のこと話してるとつい熱くなっちゃうんですけど（笑）。

淳　熱量が高いのはすごい大事だし間違ってることじゃないです。けど、俺もメディアに出る人間として思うのは、コメンテーターをやっていて熱くなればなるほど賛同も得られるんだけど、否定をしてくる人の数も増えてくる。だから、理論を積み重ねて冷静にやらないと議論は前に進まない。とは言え人間なんで熱くなるし否定されると嫌だなと思うけど、自分がいかに冷静に理論立てて人に伝えられるかってのを、今出演している「グッとラック！」（TBS系）という朝の情報番組で鍛えてる途中です。自分の主張だけが強くなりすぎて、「え？　そんなテンションで来られても……」っていう受け手の拒絶がはじまったらもったいないですよね。理論を積み重ねた先の落とし所、譲歩がどこでできるかってのが大事なのかなと。さっき話に出たポジショントークなんて「何年やってんだ」って思っちゃうんだけど、それを議会の中に入って、首長がそのシステム自体を変えていく。こういう新しい議論の方法でやりましょうよ、ってなってくれば日本の未来にも明るいものが見えてくると思うんですけど。そういう意味でも、まずひとりで議会に入って状況を知って伝えてくれるのは、大きな拍手を送りたいですね。

職業選択のひとつとして考える

伊藤　今回、「おいしい地方議員」ってタイトルにしたんです。政治家というと、よく駅などの街頭演説でヘッドスライディングというか、土下座をするような勢いで頭を下げて「皆さまのために命をかけて頑張らさせていただきます」とか言って（笑）、ああいうのを見せられてきたおかげで「政治家なんてとても自分には無理だ」と逆に尻込みしてしまうんじゃないかなと思ったんです。もっと仕事の時間だとかお金などの条件を明らかにして「普通に一生懸命頑張る」でいいんじゃないかと思うんですよ。自分の人生における貴重な時間を提供するわけだから。むしろそっちのほうが信頼できる！

淳　対価はあっていいですよね。仕事だから。

伊藤　そう。でも議員ってなかなか自分のお金の話をしたがらないですから。やっぱり心のどこかで「おいしい仕事だ」って思っているんじゃないですかね（笑）。プレイするのはあくまで議場なのに、議場で発言もせずにただ大人しく座っている人がいきなり駅前の演説とかで「皆さまのために決死の覚悟で」とか言っているの聞くと、ほんとバカらしくなる。「この国が議会制民主主義を取り入れてからもう何十年経ってるんだよ」って思うんです。日本人は議論に向いていないとかいつまでも言ってないで、もういい加減きちんと議論することにパワーを使おうよって思ってしまう。ただ、日本人が議論することに慣れていないのは感じますね。

淳　自分の意見を言うことに慣れてないし、意思決定を他人に任せるわりに文句だけは言う。日本人の思考回路を変えないことには、国政も地方議会も同じことが繰り返されますよね。広島の若い市長（２０２０年8月、三原市と安芸高田市の2市で30代の市長が誕生した）がいろいろ変えようとしてますけど、おじいちゃんおばあちゃん世代に支持されてる古い議員たちは変えようとしない。世代間で分断してもしょうがないけど、「何が足りなくて何が必要なのか」を市民を巻き込んで訴えていくしかない。ポジショントークをしてる議会を市民が望んでいるとは思わないから、そういう現状をどんどん可視化していってほしいんですよね。今回の本で楽しみにしているのは、議員とはどういうもので、議会政治のダメな部分はどこで、どこにメスを入れられるか、そういうのをつまびらかにできると、もっと議員を目指そうとする人が増えると思うんですよね。増えたほうがいいんですよ。みんな押し付けちゃってるんで。学級委員のシステムと同じでみんなやりたがらない。現状だとメリットがよくわからないから。で、メリット・デメリットの話をすると「メリットあるから議員になるなんてけしからん」って批判が飛んでくる（笑）。でも俺、自分の人生においてメリットないことなんてやんないよ。

伊藤　そうなんですよ。そこは職業選択のひとつとして選べばいいんです。僕のまわりの自営業やってる知人とかに話すと、わりとみんな興味を持って話を聞いてくれるんです。きっかけはなんでもいいから「俺も立候補してみようかな」って思う人が増えてくれればいい。もちろん「動機」は必要だし、本気の人に政治をやってもらいたい。議員になったら勉強もしないといけないんだけど。とにかく政治家という職業に壁を作ってほしくない。

淳　有権者にとっては「選択肢が増える」ことがメリットだから、ポコポコ立候補する人が増えればいいし、倍率1・1倍だったらダメなんですよ。16枠に対して17人の立候補だと競争しないし、揉め事なくやってれば当選するから。市民が忘れてくれているほうがいいってことになってしまう。立候補する人が増えれば「俺はこれをやります」っていうアピールが必要になる。政治家の大事な役割は「公金の使い方を決める」ことだから、その使い道についてては市民がジャッジすればよいし、それが理想のあり方。今は市民がジャッジできない状況になっているのが問題ですよね。

伊藤　最大の原因は、市民が議員のプレイを見張っていないことなんですけどね。ブラジルでは、サッカー選手のプレイひとつひとつを国民が厳しくチェックしていて「こっち側にトラップしないから、ボールを奪われたんだ」とか厳しく目を光らせているんです。だから選手は必死に頑張れる。政治に対してもそういう風に目を光らせていないと、プレイヤーの質は上がっていかない。あと僕は今、立候補できそうな人に「地元だったら1600票くらいいけるでしょ?」って話をして回っているんです。「俺は秦野市議会にリスペクト秦野って会派を作るから、あなたはリスペクト◯×って会派を作ってよ」って。「リスペクト」っていうのは僕がブラジル生活で学んだことで、「自分の話を聞いてもらいたければ、まずは相手の話を聞く」ってところから来ていて、全国各地に「リスペクト◯×」みたいな会派ができれば面白くなるなと。この本もそういう人が増えればいいなと思って書いたんですけど。

淳　賛同者が増えて、地方の議会から日本を変えていくって運動が出てくることは面白いし、「選択肢が広がる」ってことが俺の理想なんで、どんな形であれ政治へ参画する方法が増えて投票に行く人が増えるんであればそれはいいことですよね。

意見を途中で変えるのは悪なのか？

伊藤　日本人ってなんでこんなに柔軟性がないというか、割り算で言ったらきっちり割り切れないと嫌だみたいな。本来であれば割り切れない字余りみたいなところに「いとおかし」を感じてきた国民性なんじゃないんですかね？

淳　俺もそれは思うんだけど、やっぱり叩かれるんですよね。先日、森喜朗元首相が女性蔑視の発言をしてオリンピック・パラリンピックの組織委員長を退任したばかりですけど、俺はずっとオリパラの組織委員会がおかしいって言ってきていて、いわゆる「ネトウヨ」と呼ばれる右傾化した脳みその人たちはちょっとでも自分と違う考えの人は許せないって攻撃するんですよね。俺は右の意見も左の意見も、自分で考えて「いいとこ取り」するほうが自分自身も楽しいし、物事も前に進むんじゃないかと思うけど、日本は「自分がどっち寄りか」というところからスタートするし、意見が途中で変わることを悪としてしまってる。議論の末に途中で意見が変わることは俺はいいことだと思ってるんですよ。学びをずっと続けてるってことだから。今の選挙のシステムの中では「公約」ってのがあるから、選ばれたらそれを貫かなきゃいけないってこともわかるけど、それじゃ議論は立ち行かなくなっていってところにきてる。だから俺は政治家になれないんですよ。意見を変えることが悪とされる状況だと、俺みたいな考えだと立候補できない。興醒めしている浮動票っていうのがあるのも、そこに理由があると思ってる。「どっちかに決めないとダメなの？」って思ってるんじゃないかな。この議題については右寄りだけど、この議題については左だな、って人がたくさんいると思うんですよね。そういう時に柔軟に考えて意見を言える党がないと俺はそこに投票できないし、自分がいざ立ち上がるって時も、こっちでいきましょうって最初から決められちゃうと無理だなと。

伊藤　淳さん、やっぱりバランス感覚が優れてますよね。僕も自分が右だとか左だとかほとんど意識したことはないです。ただ、僕は将棋で言ったら最強の「歩」になってやろうという想いが昔からあって、野球で言ったら一番バッター、サッカーで言ったらフォワードかな。僕が突破したところに淳さんみたいなバランスのいい人が出てきて、うまく収めていくみたいなことができたら。いや別に淳さんをこの運動に誘ってるわけじゃないですよ（笑）。

淳　（爆笑）

伊藤　とにかく突破しないと何もはじまらない。「創造的破壊」が必要なんです。

「自分ごと」と思ってもらうには

淳　今、オンラインサロンで「大人の小学校」っていうのを作ったんですよ。誰か教祖的な人がいて、その人の意見を聞くのが従来のオンラインサロンだったんですけど、うちの場合はみんなが主役でみんなが意見をぶつけ合う場所にしたいなと。ただ収拾がつかなくなるんで、その意見を集約する時にはエネルギーを持った「モデレーター」が必要で、それは俺がやるよって形で。ちょうど最近、「淳さん、自分味のビール作りませんか?」って声をかけてもらったんで、大人の小学校に持ち帰って「どんなビールにしよう」ってのを意見を出し合ってもらったんです。「苦味があるビールがいい」「いや甘味がほしい」って合間見えることがない対極の意見が出ちゃってるんだけど、そこでモデレーターの俺が「○×風味でこんな味、△□風味でこんな味だったらどっちがいい?」って二択をどんどん与えていくんです。そうすると決定するプロセスに全員が参加できるから採用されなかった側も「辿り着いた結論」に納得してるんですよ。反対していた人も議論を重ねた上にこのビールができたってことで「自分ごと」になっていて、最初に自分が考えていた味とは違うビールができても「これは自分が考えたビールだ」って思えるんですよね。で実際にビールができあがって飲んだ時に、思っていたのと全然違う味だとしても、そこでまた新たな体験ができる。「俺たちが選んだビール、こんな味なんだ！」って。これを政治の世界でもできたらいいなと思ってるんですよね。まずは「自分ごと」にする。投票しても意味ないと思わせないような「実感」を与える。そういう意味でも地方議会の1600票って意見は集約しやすいと思うんです。国政の10万票、20万票の人たちを納得させるのは大変ですけど。「俺の1票めちゃくちゃ意味あったな」という成功体験を重ねられたら、政治に興味を持つ人が増えるし、当事者意識も芽生える。議論することの面白さも伝わると思うんですよ。

伊藤　イタリアの「五つ星運動」って知ってますか？　69歳の元コメディアンから草の根的にはじまった政治運動で、今では大きな政党として国を動かすくらいの力を持っているんです。党員に気軽に話し合いに参加してもらうためにスマホを使っているらしいんです。議員が出した法案についても「シェアリング」というアプリで、その内容について市民が自由に意見を交わすことができる。それでネット上の議論の中からまた新しい提案が誕生して、そのたびに法案がどんどん進化していくみたいな感じだと当事者意識が芽生えるんだと思います。「国の防衛費」がどうとか言われても、近所のおばちゃんにとってはあまりピンと来ない話でも、「地域振興券」の話なら興味を持ってくれるかもしれない。とにかく当事者意識を持ってもらうには、身近なところからやっていかないとですよね。

リスペクト＝譲歩力

淳　俺はオンラインサロンで、もう少し大きな案件、例えば「みんなで家を建てよう」ってことなんかでも、自分のモデレーター力を発揮して形にしたいですね。で、このモデレーター力を鍛えれば、いつの日か政治の世界でも役立てることができると思うんですよ。だから今は修行中ですね。もし伊藤さんと一緒に組む日が来るとしたら、伊藤さんの「突破力」と、意見がぶつかった時の俺の「モデレーター力」がうまく嚙み合うとよいですよね。「調整力」って言ってもいいんですけど。「この人の主張って嚙み砕いたらこうじゃない？」

「そのうえでAの意見とBの意見、どっちがいい？」っていうのは俺はすごく得意だし、その能力は活かしたいし伸ばしたいですよね。俺、「譲歩」って言葉が好きなんですよ。伊藤さんの「リスペクト」って言葉と似てると思うんですけど、相手のどこを認められるか、そのうえでどこが落とし所なのかを探っていく。「譲歩力」を身につけられると、有意義な議論ができると思います。自分の本でも書いた「即動力」と「譲歩力」。

伊藤　自分とは違う意見にどう耳を傾けていくのか、ということだと思います。僕はそれを「リスペクト」と呼んでいる。今の政治に決定的に足りないのは、このリスペクトの精神だと思っています。ブラジルのギャングだって子どもたちの前では銃を出さなかったり、それって子どもに対するリスペクトだと思うんです。先ほど突破力の話が出ましたけど、ブラジルのスラム街に住みはじめることだって、リスペクトがあれば実はそんな難しいことじゃないんですよ。要は「俺はお前の敵ではないんだよ」ってそれだけなんです。淳さんの「即動力」にも書いてありましたけど、マスコミの問題もありますよね。ブラジルにいた時に痛感したことがあって。ブラジルW杯とかリオ五輪で「スラム街を取材したい」って日本から連絡が来るんですけど、スラム街の子どもに「ネイマールに憧れてるんだよね？

サッカーで活躍して両親に家を建ててあげたいんだよね？」みたいな質問をするわけです（笑）。

淳　誘導質問ですよね（笑）。

伊藤　取材をする前から実は答えが決まっていて、その枠にはめていこうとする。そんなレベルなんだ？ってびっくりして（笑）。僕もカメラマンとしてマスコミの業界にいるので、その辺のくだらなさがよくわかってるんですよ。

淳　俺、東京五輪の聖火ランナーを辞退したんですよ。「新型コロナの状況がどうであれ絶対に五輪は開催する」という組織委員会の強硬姿勢に異を唱えて辞退したんですけど、森喜朗さんが「タレントは田んぼを走れ」って言ったことに対して怒って辞退した、とメディアで報道されたんです。いやいや違うと。このニュースしか見てない人は、俺が田んぼで走るのが嫌で辞退したと思っちゃうじゃんって。こんな取り上げ方、切り取り方はダメでしょって。森さんが組織委員長を退任したこともそうじゃないですか。彼の「女性がいると会議が長くなる」って一番嫌な部分ばかり切り取って報道するから、それじゃ本質は見えなくなるよって。もちろん言語道断な発言ではあったんだけど。街頭インタビューも同じで、メディアにとって都合のよい答えだけを編集して見せるから、「これ誰の思いなんだ？」っていう。だからメディアも変わらなきゃいけない。

ローカル議員は「普通」でいいんです！

伊藤　メディアに騙される人間がすごく多いですよね。うちの親父も自分の息子がブラジルに10年も住んでで「ここは危ない場所じゃないよ」って身を持って話してるのに、テレビのニュースをちょっと見ただけで「やっぱりブラジル危ないんだな」となってしまう。10年住んだ実の息子の話と、ちょこっと取材に来た赤の他人の話と「どっちを信じるの？」って（笑）。でも、政治の世界を見て、やっぱり日本をすこしでも良くするには「地方議会」だと思ったんですよね。まず皆さんに現場を見てほしいです。本当にお粗末な議論しかできていないので（笑）。そんなにクオリティー高くなくて十分なんですよ。普通でいいんです！　国会議員だと弁が立つ人も確かに多くいるのかもしれないけど、ローカルの場合、本当にそこらへんにいる普通のおじさん、おばさんなので。その割には16万人いる秦野市でも年間500億円くらいの予算を動かしているわけですから。昔は国が決めたことをただ実行するみたいな場でよかったんですけど、今は地方分権時代ですから。自分たち（地方）の裁量でやれる範囲が増えたんですよ。そんな中で市長は相当な権限を持っているはずなのに、ニコニコ波風立てないようにしてるんですよ。「決断しないっていうスタイルがあったのか！」って驚いたんですけど。

淳　曖昧にしておく仕事（笑）。

伊藤　「そんな仕事あるんだ!?」って。そこに対して純粋な疑問をぶつけていく、それだけなんです。無駄に敵を作ってもしょうがないんですけど、おかしいことはおかしいとはっきり言う。

——市長提出議案というのがあって、それに対して秦野市議会は過去に一度も否決をして来なかったそうですよ。

淳　へー。

伊藤　「NOと言えない秦野市議会」なんです。日本のローカル議会はどこもオール与党化している場合が多いんですよ。否決せずに行政側と繋がって、例えば自分の支援者に道路をつくってほしいと頼まれた時に、「貸し」を作っておいたほうが話が通りやすい。「口利き政治」ですよね。議員になってまだ1年半ですけど、実際にそういう場面もいくつか見てきました。そこで僕が手を挙げて「今の茶番なんじゃないですか?」って発言すると、意外と黙っているんです(笑)。とにかく若い世代の人にどんどんこの世界に入ってきてもらわないと。今だと淳さんもそうだし、ダルビッシュ有さんとかも豪快にガンガン発言しているじゃないですか。

地方財政、どう潤わせる?

——こういう人が地方議会にいたら面白いんじゃないかってタイプ、ありますか?

淳　俺は「空気は読まなくていい」と思っている派なんで、物事の本質をつまびらかに話せる「可視化能力の高い人」ですかね。それに加えて「発信力」。まずみんなに情報を与えないと判断できないわけだから、「今、こんな議会になってます。ここをなんとかしないとダメでしょ?」って発信できる人が必要なんじゃないですか。「この公文書、みんな見ていい文章だから見ようよ」って言える人。議会って最初に税金の使い方を決めるじゃないですか。ただ、最後、どう使ったかを取り締まるというか、そこを開示して話すことが足りないと思っていて、どう使ったかが大きな問題になれば、気を抜かずに考えると思うんですよね。

——先ほど出た勝浦市の話でも、そういった能力がある人を集めようとしたんですか?

淳　いや、勝浦の場合は、アイドルのファンを一箇所に集めて、元いた住人の人数を超えれば行政を乗っ取れるんじゃないのっていうところからはじまっていて。

伊藤　テレビ番組の企画なんですか?

淳　いや、テレビはそんなの絶対やってくれないから、自分のYouTubeだったりツイキャスでやろうと思ってた企画ですね。勝浦に移り住んでくれるアイドルを探すのも難しいし、何より勝浦市は結構大きな市だから町とか村単位ではじめないといけないなとか。今でも2、300人の村の行政なら乗っ取れるなって。乗っ取るって言い方はよくないけど(笑)。

人口が増えてほしいと思っている村だったら、かなり強引なやり方ではあるけど、そんなやり方もありなんじゃないかなって。

「俺、豊島区の区長なんですよ」

淳　でも俺、今、豊島区の区長なんですよ。

伊藤　え？

淳　テレビ東京の「田村淳が豊島区池袋」という番組で、豊島区と連携してバーチャル空間を作って「バーチャル豊島区長」ってのをやってるんですよ。人を集めて税収をちゃんと取れる仕組みを作って、「リアル豊島区に税収で勝つ」のが俺の目標なんです。実際の豊島区民とも触れ合って、リアルとバーチャルを行ったり来たりしながら。兼業OKとは言え、タレントでありながら行政に関わるのは「公平性を保てない」という観点からなかなか難しいんですけど、バーチャルですけどそこを突破して行政に関わったというのは日本初ですよね。タレント辞めてから政治の世界にいく人は過去にもいましたけど。ここで新しい行政のあり方が見せられると思います。「ネット投票」というのをはじめようと思っていて、俺自身は投票で選ばれてないんだけど次のバーチャル区長はネット選挙で選ぼうと。先例、成功例を作ろうと思って、それで若い人が投票してくれるようになると若い議員も出てくるようになると思うし。番組もそのバーチャル行政を開けっ広げに放送して可視化していこうと。

伊藤 すごい！　バーチャル行政だなんて。秦野市議会もネット中継があって見られるんですけど、誰も話題にしてなくて、果たして何人が見てくれてるのかなって。

淳 可視化してるんだけど伝達できてない状況ですね。

「政治家センセイがなんでも知ってる」なんて幻想

伊藤 無観客試合に慣れすぎちゃって、そもそも聞いてもらえるような話し方をしていないですしね。僕なりに表とかグラフを使って、一般市民にでもなるべくわかりやすく話をする努力はしているつもりですが。ちょっと話は飛ぶんですが、政治家って何かすごく難しいことを分かっている人ってイメージがまだ実際にありませんかね？　僕は、政治家はなんだかんだ言ってもやっぱりお金の話ができないとダメだと思っていて、政治家になって最初に財政をとにかく勉強したんです。研修に2、3日行って、あとは参考書を買ってひたすら勉強したんです。「ひたすら」って言ってもせいぜい半年とかですよ。そのおかげで億単位の金銭感覚のようなものが身について、今いる議員の中でも財政については一番詳しいだろうなってくらい自信がついたんですよ。

淳　へー、それはすごい。

伊藤　可視化もそうですけど、意外とそれくらいの勉強量で財政通になれるよって、そういうことも発信していきたいなと。お金の話ができない政治家の話なんて説得力なしでしょ。現役の議員がいかにお金の話をわかっていないか。政治家のセンセイ方はなんでも知ってるみたいな幻想っていまだにあるじゃないですか？　もちろん財政の知識がすべてではないですけど。政治家が行政から与えられた情報をただ鵜呑みにしているから、彼らの手のひらの上で転がされている現状があって、そこが問題です。自分で切り込んでいけない。だから予算や議案もそのままスルーされてしまうんです。政治がまったく機能していないんです。

淳　議員のサポートとして、資料集めとかリサーチしてくれる人を登用して秘書のように使えたりするんですか？

伊藤　いえ、市議会議員レベルだとそれはないです。そこまでの予算というか政務調査費は出ない。資料集めとかデータ作りも基本全部自分でやってます。ただ、その資料作り等の作業は自分の発言の「厚み」に繋がると思っていて。本当はひとりくらい秘書はほしいですけどね。あと、一般市民には本当にいろんな人がいて、考え方もそれぞれ違うことをこの仕事を通して学びました。大事なのは、自分とは違う考え方に遭遇した時の態度だったり、対話ですよね。淳さんの「大人の小学校」みたいなやり方を取り入れて、建設的に議論する訓練をしていかないとですよね。

淳　自分も意見を言ってみよう、って思えるようになるし、自分の意見が通らなかったとしても、議論したことで「Aと思ってたけどBに決まった」としたら、その議論のなかで自分の感情が揺れ動いたってことはいい体験だと思う。「大人の小学校」でも俺の知らないところでめちゃくちゃ喧嘩してたりするらしいですけどね（笑）。お互いの正義をぶつけ合ったなれの果ては戦争だから、どこで譲歩できるの、どこで納得できるのってのを探していくのが大事だと思う。

伊藤　そういう忍耐力が必要となるような議論がローカル議会では驚くほどできずに終わってますから（苦笑）。でも、そういう現実をまずは市民の方に知ってもらいたい。

淳　伊藤さんに市長選、出てほしいですねえ。

伊藤　公言はできないですけど、とことんやれるところまではやるって気持ちはあります。

淳　そのためには、まずは仲間をどれだけ作れるか、ってところですよね。

伊藤　議員になっても結局1／24なんですよ（秦野市の場合）。ひとりでは何も変えられないみたいな気持ちになることはあります。でも、市長選挙のすごいところは、直接選挙ですから。市民が「直」で市長を選ぶわけですから。こうやって全国の本屋さんに並べて、淳さんの発信力もお借りして（笑）。

淳　ルールの範囲内であれば空気を読む必要なんてまったくないと思うし、空気を読まないことこそが力だから、この調子でどんどんこじ開けていってほしいですよ。あとは飲み込まれないでほしいです（笑）。

伊藤　そこは全然大丈夫です。実はローカルを薦めるもうひとつの理由は「余裕」なんです。普通のおじさんやおばさんに何を言われようが平気なんです（笑）。

淳　余裕ですか（爆笑）。

伊藤　そうなんです。こっちもブラジルのスラム街で鍛えられてますから（笑）。

淳　わー、それ聞くとやってみたくなるなあ。

伊藤　ぜひお待ちしてます！

「市議会をフレッシュに！」

選挙ポスターに一番大きく掲げた公約だ。

なぜ大きくしたかというと、自らが起爆剤となり一人でも実行できる約束だと思ったからだ。具体的には「ハイ、ハイ」と手をあげて、疑問に思ったことや少しでも納得のいかないことは徹底的に発言をしてきた。新入生が列の最前列に座り、空気も読まずに大きな声でガンガン発言を繰り返している。そんなイメージだ。

それで実際に風穴が開いているのかどうかはわからない。

しかし、最近の議会ではシンパシーを感じるような他の議員の発言もちらほらと聞こえるようになってきた。また、僕の所属する環境都市委員会では徹底的に議論をするという土台のようなものが出来上がりつつある。

僕は基本的にあまり器用なタイプではない。

高校時代の野球部では「一番、キャッチャー、キャプテン」だった。「切り込み隊長的な動き」が好きなのだ。サラリーマンを辞め、写真家を目指し、最終的にブラジルのスラム街で写真を撮ろうとしたのも、最前列で働く最強の「歩」になろうと思ったからだ。

「ギア・チェンジ」もしくは「創造的破壊」が自分の政治的使命だと思っている。

日本がこれまでずっと行ってきた公共事業を中心とする土建国家モデルは、経済が右肩上がりの高度経済成長による「税収の自然増」を前提としたモデルだった（P130注14）。

このステレオタイプなやり方をギア・チェンジさせるのだ。

ステロイド剤（ハード）から漢方薬（ソフト）へ。

教員の長時間労働、超高齢化社会による社会保障費の増大、空き家、「農」の担い手不足の問題など、すぐにでも解決しなければならない問題は多い。

ハード事業には巨額の費用が必要となる。せめてその10分の1の予算でもこうした喫緊の問題の解決にお金を回せないものなのか。

この本は現在の仕事だけではエネルギーを余らせている人、さまざまな経験を経た後に今は故郷で暮らしている人、日本を少しでも住み良い国に変えたい人など、できるだけ多くの人に読んでもらいたい。

そしてここはひとつ、力を合わせローカルから日本を変える運動を世の中に仕掛けていきたい。これまでの経験と持て余しているパワーを次世代のために少しでも役立てることができるのならこんなに「おいしい仕事」は他にはないと思っている。

2020年クリスマスイブ正午。僕は大学病院のバス停前のベンチに座り、最後のコーヒーを飲んでいた。翌日は甲状腺乳頭がんの手術だ。今回は幸いにも発見が早く、今後の活動や命に支障はないだろう。

この本で繰り返し述べてきた当事者意識。
今回、自分ががん患者になって初めて気がついたこと、気がつかされたこと。
政治家は人間力、総合力が問われる職業である。
経験値は高いほうが圧倒的に良い。

左記に自分の経験、引き出しを時系列にざっくりと整理してみた。

#野球少年
#サラリーマン
#スペイン・バルセロナ学生時代
#LGBT当事者とのルームシェア
#バックパッカー
#中・南米一周
#スペイン語、ポルトガル語

#ブラジル
#スラム街
#貧困と暴力
#ブラジル超格差社会
#写真家
#宿のオヤジ
#フリーランス
#広告写真
#3人の子どもの父親
#外国での子育て経験
#バイリンガル教育
#新居の近くに突然工場ができる地域住民

そして、今回新たに加わった、

#がん患者

おそらく次の3月議会の僕の一般質問のテーマは「医療・介護」になりそうだ。

最後に、前回の写真集（「ROMÂNTICO（ホマンチコ）」）同様、僕のいつもながらの突然の提案に「面白い」の一言で最後まで付き合ってくれたイースト・プレスの圓尾氏にリスペクトの念を表してこの本を終わりにしたい。

２０２１年２月21日

写真家＆秦野市議会議員

伊藤大輔

〈付録〉

秦野市議会定例会

伊藤大輔 一般質問全文

（戸川土地区画整理事業について）

戸川土地区画整理事業のメリットとデメリットについて

～100年後の子どもたちにとって、本当に良かったと思える選択を～（令和2年9月定例会）

今日はポジショントークは抜きに賛成、反対は一度忘れて、「そもそも論」がしたいのです。

「この事業になぜ賛成なのか？」ここに立ってきちんと説明できる人、何人いますか？

いろいろな人に意見を聞いてみましたけど、「企業誘致派」と「環境破壊反対派」、大体このふたつの対立軸で語られている。「企業誘致派」の人もSDGsなどが叫ばれる昨今ですので、「自然を破壊するのは嫌だけど、お金のためならしょうがない」と思っている。

本当にそうなのでしょうか？

今、この時代に企業を誘致すれば本当にお金は入ってくるのでしょうか？　僕は100年後のことを考えているのです。100年後の子どもたちにとって、本当に良かったと思える選択をしたい。

「新幹線が通ります、高速道路が通ります、だから地元は潤います」というのは昭和の話。

インフラを整え、土地を提供し、企業誘致をする。そうすれば、そこに従業員の家族が引っ越してきて、人口も増え、雇用も生まれ、最終的には税収も増えるというモデルは、「人口も経済も右肩上がりだった時代の政策」なのではないでしょうか？

「環境」は激変しています。

資料1をご覧ください。日本の総人口は2010年をピークに減少をはじめ、今後100年間で100年前（明治時代後半）の水準に戻ると言われています。80年後の2100年（中位推計）には人口が約5千万人になると予想されており、基本的にこのような人口統計学は予想を大きくは外さないそうです。

資料2をご覧ください。秦野市の生産年齢人口（15歳以上65歳未満）の比較です。（真ん中の2017年を基準にして）今から18年後の2035年の生産年齢人口と今から36年前の1981年の生産年齢人口は、ほぼ同じの約85、000人です。

それぞれの高齢者の数を比較すると、1981年の約7、500人に対して2035年は約51、000人、およそ7倍。1981年には11人で1人の高齢者を支えていたのが、2035年には1・7人で1人の高齢者を支えなければならない。

「環境」がこんなにも激変しているのに、同じやり方でいいわけがない。高度経済成長期のような時代はもう二度と来ないのに、日本人は「過去の成功体験」から抜け出せないでいる。

ちなみに今の40代半ばより下の世代は、「成功体験」なんて知らないですから。もういい加減に「や

資料1

日本の総人口の推移

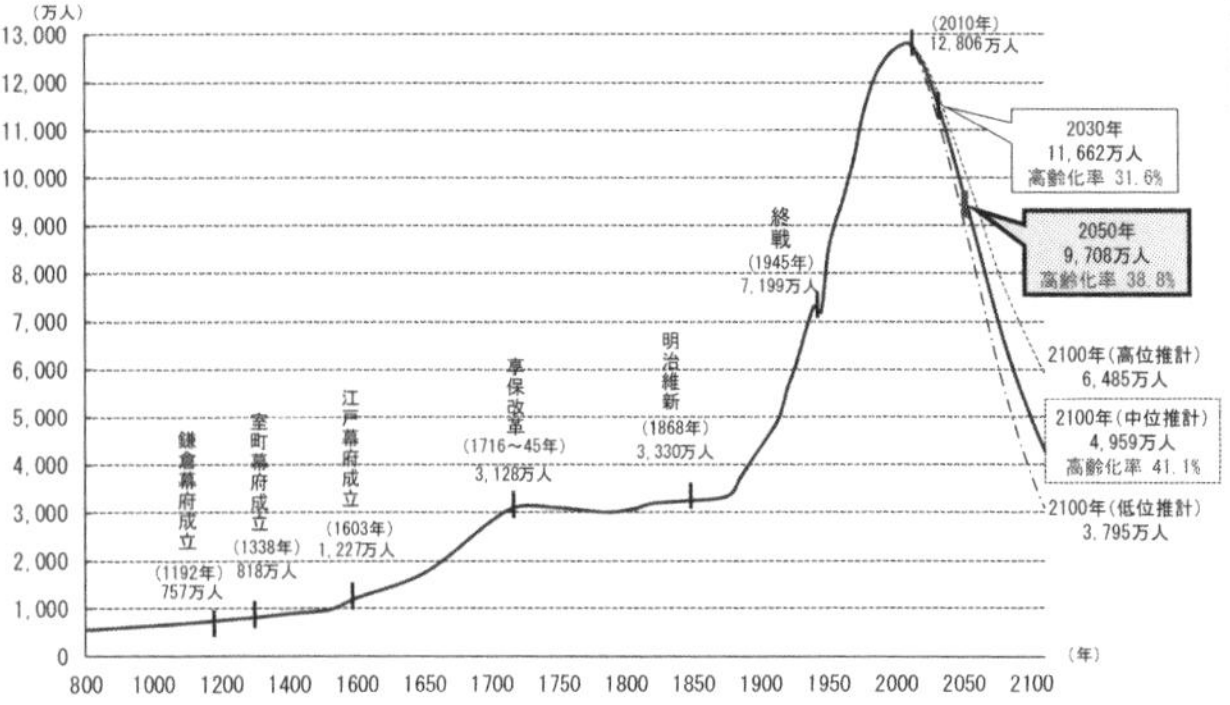

出典：総務省「地方議会・議員のあり方に関する研究会（第4回）」資料

資料2

秦野市の人口内訳等の変化

	S56（1981）	H29（2017）	R17（2035） （人口ビジョン）
人口	126,438人	165,909人	153,834人
生産年齢人口	84,345人	99,967人	84,888人
高齢者人口	7,669人	45,792人	51,092人
建物面積	172,893㎡	321,922㎡	？

出典：秦野市役所行政経営課資料より

り方」を変えないとダメだと思っているのです。僕は自分の政治家としての使命を、この「やり方」をギア・チェンジさせることだと思っているのです。

質問1（伊藤大輔、以下同）

この事業にかかる本市のコストを教えてください。

回答1（執行部、以下同）

準備組合への技術的支援1億円、補助金5億円、都市計画道路25億円、矢坪沢整備15億円の合計約46億円。

資料3をご覧ください。都市整備課への事前の聞き取りで、書面でお答えいただいたこの事業におけるメリットをまとめたものです。（P183資料12と合わせて全部で6つ）

まず、企業誘致によるメリットについて3つ。

(1)過去の土地区画整理事業（堀山下テクノパーク／約21ヘクタール）により整備された工業団地を参考に推計すると、新規の雇用は約500人程度、固定資産税等の税収は年間約2億円程度見込まれる。

堀山下テクノパークが完成したのは、1991年（平成3年）。今から約30年前のバブル絶頂期の話です。

まずは、年間2億円の税収増についての質問です。

資料4をご覧ください。

質問2

交付税交付団体の秦野市。仮に税収が2億円増えたとしても、その75％は基準財政収入額に組み込まれるため、普通交付税は減少する。つまり税収が増えることで、普通交付税は減る。2億円の税収増により減少する普通交付税を差し引いた実質的な歳入はどのようか？

回答2

ご質問の「歳入への影響」は、税収が2億円増えると仮定した場合、普通交付税の算定においては、その75％、1億5、000万円が基準財政収入額に算入されます。したがいまして、本市のような交付団体では、差し引きの5、000万円を実質的な歳入の増として計算することができます。ただし、この5、000万円は、あくまでも歳入側の基準財政収入額だけの計算上の

資料3

企業誘致によるメリットについて

（1）過去の土地区画整理事業（堀山下テクノパーク/約21ha）により整備された工業団地を参考に推計すると、新規の雇用は約500人程度、固定資産税等の税収は年間約2億円程度見込まれる。

（2）企業が立地する際に直接的に建設・設備投資が発生する。

（3）個人の消費活動が増加し、地域経済の好循環が生まれる。

出典：秦野市役所都市整備課より

資料4

普通交付税＝基準財政需要額−基準財政収入額

数字であり、歳出側の基準財政需要額には変動がないことを前提とした場合の額となります。

事前の財政課への聞き取りで、今回の1・2キロメートル、幅員16メートルの都市計画道路をつくるのに上乗せされる基準財政需要額は約200万円だそうです。今回はその他にも公園や上下水道の整備も行いますが、それを含めても上乗せされる基準財政需要額の合計は、多くてもせいぜい1、000万円ぐらいなのではないでしょうか。つまり、2億円の税収増といっても普通交付税は1億4、000万円減額されることになるので、実質的な歳入は約6、000万円という計算になります。

資料3をご覧ください。

質問3

次に500人の新規の雇用が、本市にとって、どのように有益だとお考えですか?

回答3

人口減少・少子高齢化の進行による地域経済の縮小や地域活力の低下などの課題に対応するために、「雇用の確保」は、本市の持続可能なまちづくりにとって必要不可欠なことと認識しています。本市も含め地方自治体にとって、雇用の場を確保することは、人口流出を抑制することにもつながり、また、働く世帯の方が、本市の魅力あふれる自然環境や住環境に触れていただき、様々な本市の施策と連携して、定住化の促進にもつながればと考えます。

資料5をご覧ください。2030年には644万人の人手不足が予想されています。

資料6をご覧ください。今後644万人の人手不足をどうやって補っていくのかを示しています。

資料5と資料6からもわかるように、今世間では今後の深刻な労働力不足の問題を議論しているのです。

資料7をご覧ください。有効求人倍率が「1」を超える状態というのは、「供給過多な状態」。つまり、供給が需要を上回っている状態、仕事があふれている状態を示している。

資料8をご覧ください。

GDP＝生産性×人口

生産性＝労働生産性×労働参加率

資料5

2030年にどのくらいの人手不足となるか?

出典：(株)パーソナル総合研究所HPより

資料6

644万人の人手不足をどう埋めるか?

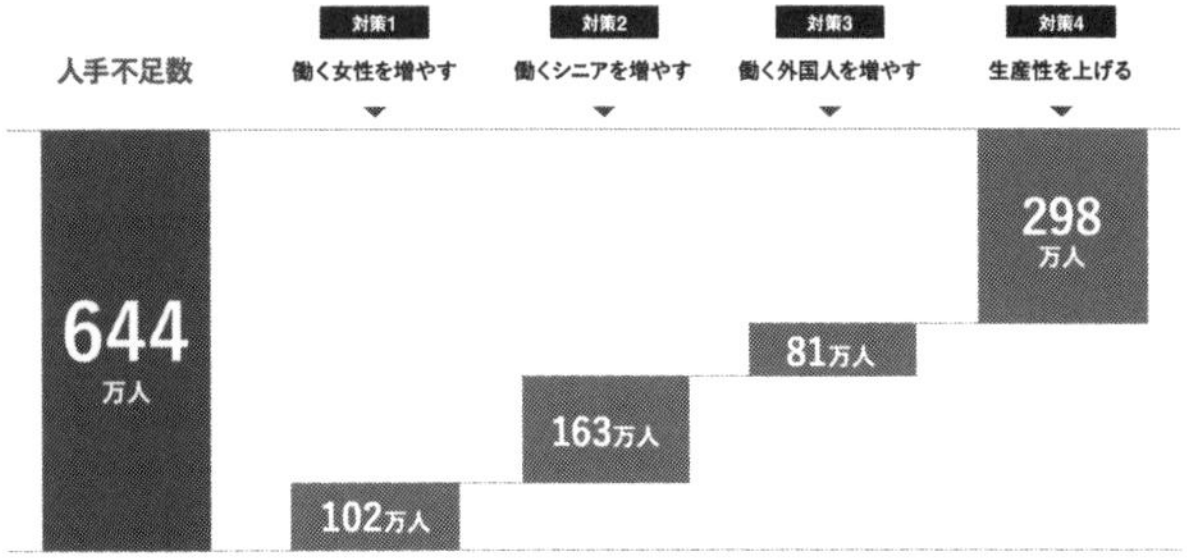

出典：(株)パーソナル総合研究所HPより

資料7

全国の有効求人倍率

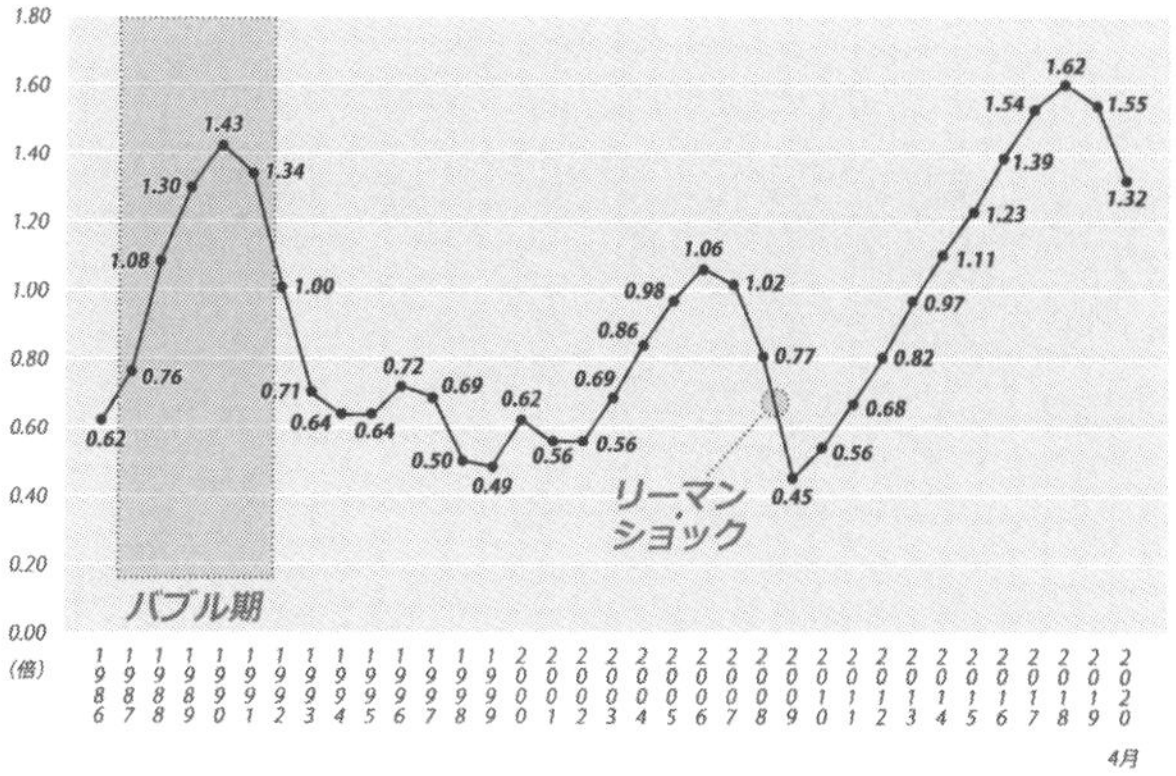

出典：(株)クックHPより

資料8

GDP＝生産性×人口

生産性＝労働生産性×労働参加率

生産性とは、国民1人当たりのGDP。

労働生産性とは、労働者1人当たりのGDPだと考えてください。

アベノミクスは、主に女性の労働参加率を高めることで、生産性を維持してきた。そのおかげで、女性の労働参加率は、男性の労働参加率にほぼ近い水準まで近づいてきた。しかし、日本のこれからの課題は、労働の「量」ではなく「質」の問題つまり労働生産性だと言われている。

確かに雇用の確保は、人口が増えている時代には、優先すべき政策だった。なぜなら単純に働きたい人が多くいたから。また、労働生産性は、人から仕事を奪わないためにも低くてもよかったのです。

しかし、時代は変わった。今は仕事はあって、労働力不足が心配されている時代です。

問題はこの労働生産性が上がらないと、GDPも賃金も上がらないということ。労働生産性の低い、賃金の安い、非正規の仕事が増えてもしょうがないのです。

それはGDPにとっても、自治体の税収という観点からも同じことが言えるのではないでしょうか。

要するに、これからの雇用は「量」ではなく「質」が大事だと言いたいのです。そんな時代に「企業誘致をすれば、新規の雇用を約500人生み出します」という昭和のアナウンスにどれほどの説得力があるのでしょうか。

資料3をご覧ください。

(2)企業が立地する際に直接的に建設・設備投資が発生する。

質問4

これはどういうことか？　また、どのくらいの投資額が想定されるのか？

回答4

工場等、建築物に係るものが建設投資です。建築物の完成後、事業を行うために必要な機械やコンピューター等を設置するのが設備投資です。現時点では、戸川地区に立地する企業の業種や床面積が決まっておりませんので、具体的な数字をお出しできません。投資額について全国的な調査や民間での建築事例における床面積1㎡当たりの設備投資の実績額では、工場は約25万円程度、物流施設では約15万円程度となっております。

資料9をご覧ください。民間の設備投資が最も多かったのが、堀山下テクノパークが完成したバブル絶頂期の1991年（平成3年）の64兆円。

逆に最も落ち込んだのが、リーマンショック（2008年）の28兆円。それが最近ではアベノミクス

資料9

国内民間設備投資額の推移（1989〜2018年）

（金融業・保険業を覗く）

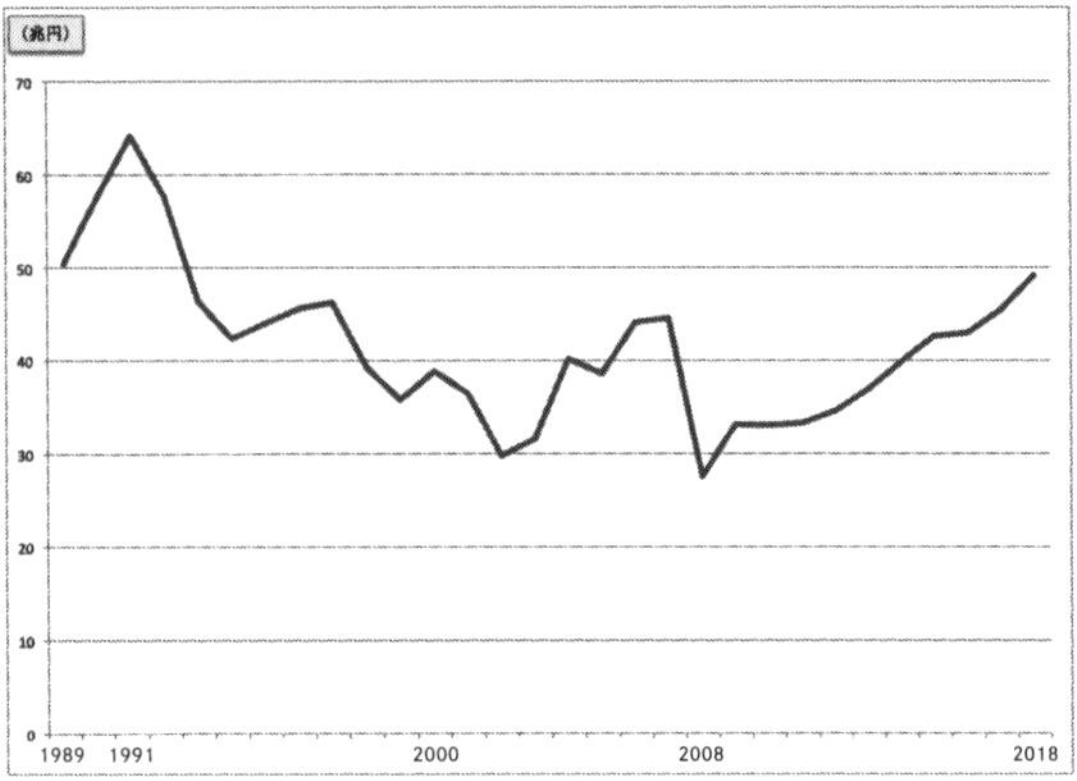

出典：法人企業統計調査より　財務省

の効果もあってか、2018年には49兆円にまで回復。しかし、ピーク時と比べると15兆円の減。しかも、この新型コロナウイルスの影響でどうなるのか？　一説にはリーマンショック級もしくはそれ以上だとも言われています。

資料10をご覧ください。

「立地件数・面積とも、バブル景気時の1989年がピークであり、現在は、件数・面積ともにピーク時の4分の1程度」とあります。

資料11をご覧ください。

「工場立地に伴う設備投資額、雇用予定者数は、工場立地の件数に比例し推移」と書いてあります。

資料10

１－１．工場立地件数・面積の推移①

工場立地件数は１０００件前後で推移

○工場立地件数は、リーマンショック以降、１０００件前後で推移。

○立地件数・面積とも、バブル景気時の１９８９年がピークであり、現在は、件数・面積ともにピーク時の４分の１程度。

■ 工場立地件数・面積の推移（1974年～2019年）

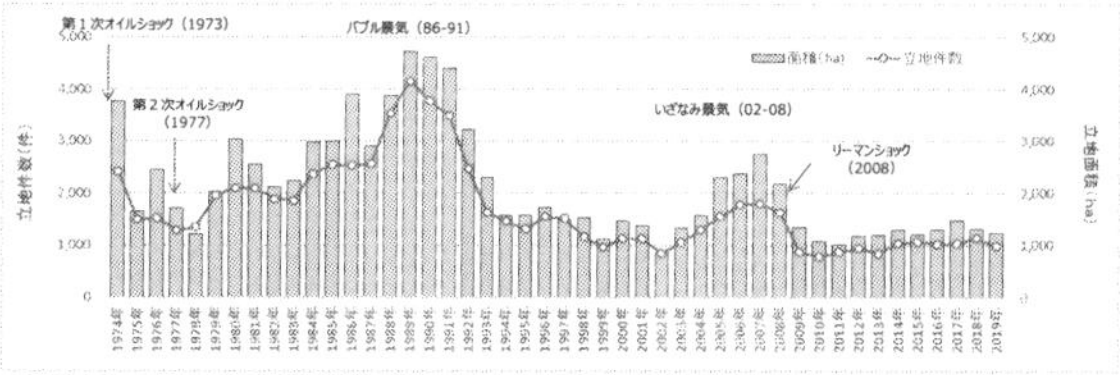

※2012年からは、対象から太陽光発電施設を除外して集計しています。

出典：経済産業省HPより

資料11

８．工場立地に伴う投資状況

設備投資額、雇用予定者は立地件数に比例して推移

○工場立地に伴う設備投資額、雇用予定者数は、工場立地の件数に比例し推移。

○１件当たりの設備投資額は、１０億～１５億円程度で推移。

○１件当たりの雇用予定者数は、減少傾向となっており、２０年間で４０人/件から２０人/件程度に減少。

立地件数、設備投資額、雇用予定者数の推移
［1989年～2019年］

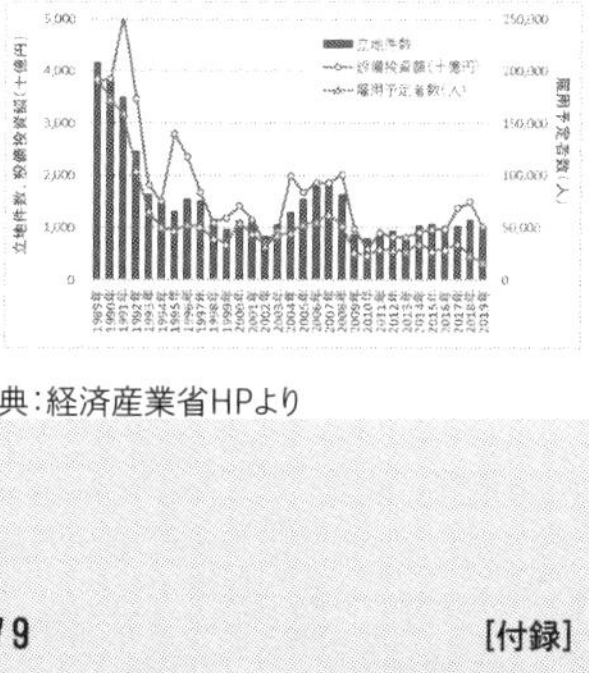

１件当たりの
設備投資額（億円/件）、雇用予定者数（人/件）の推移
［1989年～2019年］

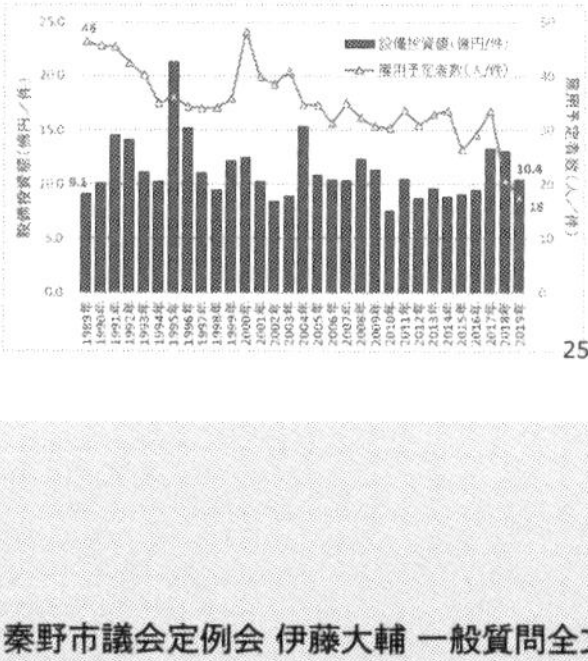

25

出典：経済産業省HPより

先ほどの資料10、工場立地件数は、ピーク時の4分の1程度とあり、つまり設備投資額も雇用予定者数もそれに比例するので、ピーク時の4分の1程度にしかならないと推測できます。

僕がここで言いたいのは、バブルが終わって今はとにかくこういう時代だということです。バブルとは文脈が違う、分けて考えなければならない。いつまでも同じやり方を続けるのは致命的です。

資料3をご覧ください。

(3)個人の消費活動が増加し、地域経済の好循環が生まれる。

質問5

地域経済の好循環、これはどういうことですか?

回答5

企業の立地にあたっては、現場での建設・設備投資の後、企業による操業が開始します。この操業前後における経済活動によって生じた売上は、各企業の利益や従業員の賃金の増加といった効果として現れます。その効果が、企業の再投資や個人の物の購入、飲食等、消費活動へと連鎖的につながることになります。企業の操業に伴い、「生産活動による市内企業の取引機会」及び「雇用の誘発による個人の消費活動」が連鎖的に増加することから、地域経済の好循環が生まれるものと考えております。

アベノミクスのトリクルダウン理論みたいな話ですね。シャンパングラスを三角形に積み上げ、一番上のシャンパングラスに水を注げば、下に滴り落ちてくる。これも経済が右肩上がりだった時代の政策なのではないでしょうか。今、経営はどこも苦しいので、滴り落ちるどころか吸収されて終わってしまう。今回の件に関しても、戸川コンソーシアムのような一部の建設業者がトップにいて、(建設)投資は、下に滴り落ちるどころか、しみ込んで終わってしまう。地域経済の好循環など生まれない。

そうではなく、今の時代に合った新しい投資の仕方を皆さんと一緒に考えていきたい。僕がよく言っているようにハードからソフトへの投資の転換が必要です。一部の人たちに投資をするのではなくて、喫緊の問題の解決に直接投資をする。例えば、少人数学級の実現だって、年間5億円あれば市費採用という形で教員80名を雇える。そうすれば秦野市の全小学校、全学年1クラスずつ増やすことができる。地産地消だって、市が学校給食の食材を地元の農家から市場よりも良い買値で買い取る。「農」の担い手不足の問題だって、お金があれば農福連携、障害者の方を雇用できるような助成制度を作ってサポートする。「秦野に来れば農業でやっていける」そういう好循環を作り上げることにお金を使いたい。上小学校のスクールバスだって買いたい。再生可能エネルギー、これからはハードに投資するのならこの環境分野。ハードはとにかく金額が大きいので、その一部でもソフトに、これらの喫緊の問題の解決に投資することはできないのでしょうか。

「ステロイド剤はもうそろそろ効かなくなってきた世の中になってきたので、漢方薬に切り替えて行きましょう」

そう言っているのです。

資料12をご覧ください。次に整備効果について3つ。

(1)区画整理(まちづくり)　約5億円

土地の有効活用を図るため、市街化区域編入し、基盤整備(道路・公園等の都市施設の整備)を行うことで産業用地を創出する。

質問6

農地を産業用地に変えて、企業誘致を図る。近隣の厚木市や伊勢原市などどこも考えること

資料12

整備効果について

(1)区画整理(まちづくり)　約5億円
土地の有効活用を図るため、市街化区域編入し、基盤整備(道路・公園等の都市施設の整備)を行うことで、産業用地を創出する。

(2)都市計画道路　約25億円　(延長約1.2km、幅員16m)
市中心部から新東名高速道路へのアクセスを向上させる。(時間短縮・走行経費減少・交通事故減少)

(3)矢坪沢改修　約15億円　(延長0.9km)
矢坪沢法面の土砂流出防止や倒木による水路閉塞防止等により、災害に強い市街地を形成する。

出典:秦野市役所都市整備課より

は一緒です。
この都市間競争をどうやって勝ち抜くつもりなのか？　本市独自の優遇制度などあるのか？　教えてください。

回答6

進出企業に対する優遇措置についてでございますけれども、新東名高速道路が伊勢原大山インターチェンジまで開通したことによりまして、都市間競争はますます厳しくなると予測しております。
立地した企業の固定資産税（土地、建物、償却資産）、都市計画税ということになりますけれども、これらの4年間免除及び市民を新規雇用した際の雇用促進奨励金による企業立地の促進を図ってまいりたいと考えております。

他との差別化を図るために、４年間の課税免除、「身を切って」まで企業誘致する。２億円の税収増といっても、実際に入ってくるのは６、０００万円。しかも、その６、０００万円は４年間入ってこない。

こういうの「レッドオーシャン」（赤い海、血で血を洗う競争の激しい既存市場）と言うらしいですよ。46億円もの市税を使って、４年間の課税免除までして、競争の激しい市場へ、わざわざ今この時期に飛び込んでいく必要性がどこにあるのか。

(2)都市計画道路　約25億円

市中心部から新東名高速道路へのアクセスを向上させる。（時間短縮・走行経費減少、交通事故減少）

質問7

人口が急激に減っていく時代に、インフラ（道路）をさらに増やすことについては？

回答7

新たな都市計画道路は、既存の市街地とスマートインターチェンジとのアクセス性を向上させるとともに、「秦野ＳＡ（仮称）スマートＩＣを活かした周辺土地利用構想」において実現を目指しているまちづくりの柱となる都市基盤です。人口減少下において、新たな都市基盤整備を実施するには慎重な判断が必要であると考えますが、新東名高速道路を最大限活用し、（周辺土地利用構想のまちづくり像である）「活力ある都市」を目指すためには、必要な施設であると考えております。

資料13をご覧ください。増え続ける道路に対し、道路橋りょう費は、ほぼ横ばい。道路の管理瑕疵による損害賠償の専決処分（注16）が毎回議会にあがってくるのは、ある意味当然です。道路が増え続けているのに、費用を増やせなければ維持管理ができなくなってくる。道路は一度作ったらハコモノと違ってためないという性質がある。増え続けていくしかない。上下水道はまだ料金システムがあるが、道路はそうはいかない。

「秦野のイメージアップのため」と市長はよくおっしゃっていますが、「インターチェンジが開通したら、道路は必ず整備しなければならない」そういう長年の行政マンとしての「ご経験」や「思い込み」が時として危険になるのではないか。使用できる道路は既にあるのです。

100年後、人口が現在の半分以下の約5、000万人になった時には、25億円もかけてわざわざ新しい道路などつくらなくても、自然に「渋滞」は緩和され、「アクセス」も向上されているのではないでしょうか。

資料13

秦野市の道路延長と道路・橋りょう費の推移

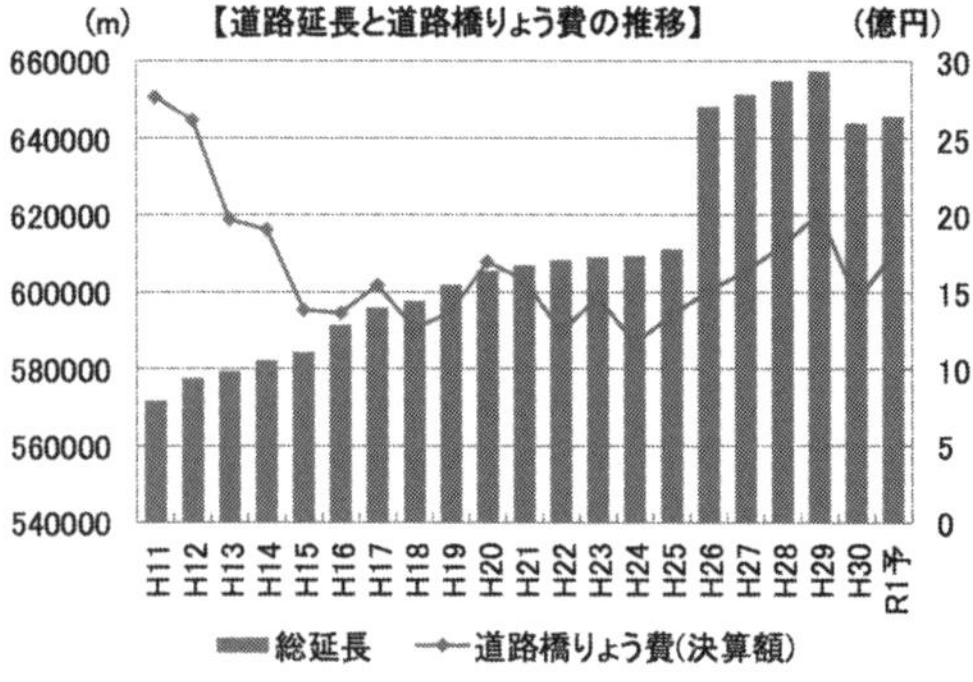

出典：秦野市役所行政経営課資料より

資料12をご覧ください。

(3)矢坪沢改修　約15億円
矢坪沢法面の土砂流失防止や倒木による水路閉塞防止等により、災害に強い市街地を形成する。

そろそろ時間もなくなってきたので、この件に関しては「事業の進め方」について一言。

僕が住民説明会に出席していつも思うのは、「住民との距離を縮めるはずの説明会が、いつも距離が開いて終わっている」ということです。

それって「いつも逆効果」ということ。この事業、これからは両者の「歩み寄り」が必要です。土地区画整理法というわば強引な強制力をもったやり方で、この事業を進めて行くわけですから、先に歩み寄らなければならないのは、行政側（市役所）です。先日の地権者との意見交換会では、次の総会までに、この件で住民説明会を開いてほしいという話が出たわけですから、そこは是非歩み寄っていただきたい。

質問8

最後に市長へご質問です。今日はここまで長々と話してきましたけれど、この事業本当にやるのですか？　このコロナ禍でこの事業をやるのは「焼石に水」なのではないですか？　その辺、どうお考えでしょうか？

回答8

戸川土地区画整理事業について、コロナ禍にあって本当に事業を実施するのかと、焼石に水ではないかというお尋ねでございますけれども、まず、新型コロナウイルス感染症に関して、今、感染拡大防止と社会経済活動の両立を図りながら、議会の皆様にもご理解をいただく中で、市民一丸となってこの難局を乗り越えようとしているところでもございます。おかげさまで、人口当たりの新規感染者数は、県下19市中最も少ないという状況でございまして、これも市民の皆様の日頃からのご理解、ご協力のたまものと感謝するところでもございます。

引き続き、油断することなく、この新型コロナウイルス感染症対策には全力を挙げて取り組んでまいりたいと思いますが、大きな課題として、コロナ後に向けた行動、今、コロナ後に向けてどう行動するかということが大事かと思います。

戸川土地区画整理事業に関して、メリット、デメリット、伊藤議員の非常にきめ細やかな研究の下での御高説を承っておりますけれども、今、令和3年度に新東名高速道路秦野区間が開通して、(仮称)秦野サービスエリアスマートインターチェンジが、戸川土地区画整理事業予定地の目と鼻の先に完成する。そして、令和5年度には新東名高速道路全線開通が見込まれる現在、この秦野市が飛躍、発展するための大きなチャンスが到来していると私は捉えております。

人口減少、少子・超高齢化社会が急速に進む中にあって、このチャンスを最大限生かして、持続可能なまちづくりを進め、都市間競争にも勝ち残っていく上で、この土地区画整理事業の実行は不可欠だと確信しているところでございます。

これは、秦野市が昭和30年、1955年1月に誕生して以来の歴史といいますか、歩みを振り返ってみますと非常によく分かるのではないかと思います。合併当時の人口は、現在の市域に置き換えますと約5万1、000人の農村型の都市でございましたが、現在は、農業と商工業が併存する、豊かな自然と調和した、魅力ある16万都市に発展いたしました。

その礎は、昭和30年代に先人が取り組んだ、現在のスタンレーや日鍛バルブなどがある曽屋原工場団地への企業誘致であって、その後も堀山下テクノパーク等の土地区画整理事業などによって積極的に企業誘致を図ってきたことで、産業振興のみならず、地域経済への活性化等々、非常に幅広く波及効果があったものと思います。

この新東名高速道路のスマートインターチェンジの開設が目前に迫る現在、この土地区画整理事業による新たな産業系まちづくりの実現は、雇用の創出、あるいは税収増など、地域経済の活性化にもつながり、本市の持続的な発展と魅力あるまちづくりにおいて千載一遇の機会でありますので、引き続き、準備組合の皆様とともに、地権者の皆様、あるいは市民の皆様のご理解をいただきながら、この事業推進にしっかり取り組んでまいりたいと考えております。以上でございます。

■注16
専決処分とは、本来、議会の議決・決定を経なければならない事柄について、自治体の首長が地方自治法の規定に基づき、議会の議決・決定の前に自ら処理することをいう。

おいしい地方議員《ちほうぎいん》
ローカルから日本《にほん》を変《か》える!

2021年4月25日　初版第1刷発行

著者　伊藤大輔《いとうだいすけ》

ブックデザイン　トサカデザイン(戸倉 巌、小酒保子)
DTP　臼田彩穂
編集　圓尾公佑
協力　吉本興業株式会社

発行人　永田和泉
発行所　株式会社イースト・プレス
東京都千代田区
神田神保町2-4-7 久月神田ビル
TEL 03-5213-4700
FAX 03-5213-4701
https://www.eastpress.co.jp/
印刷所　中央精版印刷株式会社

ISBN978-4-7816-1973-6

伊藤大輔の写真集

『ROMÂNTICO《ホマンチコ》』
写真◎伊藤大輔

秦野市議会議員になる半年前、2019年1月に刊行した写真家・伊藤大輔の集大成的な作品集。ブラジルのリオ・デ・ジャネイロのスラム街「ファベーラ」に10年暮らしながら、そこで生きる人たちのリアルな日常を切り取った超大判写真集。TBS系「クレイジージャーニー」に出演し、ファベーラのギャングを撮影したスリリングな模様は、大きな反響を呼んだ。「ROMÂNTICO（ホマンチコ）」とはポルトガル語で「ロマンチック」「劇的な」という意味。

B4変形並・160ページ　定価（本体4200円＋税）　イースト・プレス